江原啓之のスピリチュアル人生相談室　目次

カバー・挿画　国分チエミ
装幀　中央公論新社デザイン室
ＤＴＰ　ハンズ・ミケ

江原啓之のスピリチュアル人生相談室

第一部　私の生い立ち

著者０歳のとき。東京・下町の自宅にて

みなさんの人生相談を始める前に、私自身のこれまでの人生のあらましを書かせていただきたいと思います。

私は今まで、霊的体質ゆえに、普通の人生にはない経験を数多くしてきました。けれども、一人の人間として泣いたり笑ったり、悩んだり喜んだりしながら生きてきたところは、みなさんとまったく変わりありません。

まだ長いとはいえないストーリーですが、そんなことを感じながら読んでいただけたら幸いです。

赤ん坊のときの記憶

私の一番古い記憶は、母の胎内《たいない》にいたときのことです。胎児として母のおなかの中にいながら、私は外の景色を視《み》ていました。もちろん肉眼で見ていたわけではありません。ある種の超能力的な感覚で視《み》ていたのだと思います。記憶がすべて断片的なのは、胎内にいた時間のほとんどを、眠ってすごしていたためなのでしょう。

母が入浴しているとき、私には、お湯を通して水面がゆらゆら揺れているのが視《み》えました。お風呂で一日の疲れを癒《いや》す母の気持ちよさが伝わって、私まで夢心地になっていたものです。

もっとも強烈な記憶は、ある晩に起きた両親の夫婦喧嘩《げんか》です。怒った父親が「なんだとぉ！」と言いながらこちらに向かってきたかと思うと、私がおなかにいるというのに、母親をふとんの上にでんと横倒しにしてしまいました。

私は母と一体だったため、当然母親の気持ちのほうがくめるのですが、このときばかりは母親もいけなかったと思います。なにしろひっきりなしに父に文句を並べ立てていたのですから。普段はもの静かな父も、さすがに堪忍袋《かんにんぶくろ》の緒《お》を切らしてしまったのでしょう。そばでは姉が二人の喧嘩を見て泣いていました。

私に限らず胎児というものは、生まれる前からそうやって、家族となる人たちや、この世の景色を視《み》て、いろいろなことを感じているのではないかと思います。「胎教」は大切だとつくづく思います。

胎児のときに持っていたその五感を超えた感覚を、人は生まれ出たこの世に慣れていくにつれ、鈍《にぶ》らせていってしまうのでしょう。私はたまたまその感覚を持ったまま大人になったにすぎないのかもしれません。

昭和三十九年十二月。私はいよいよこの世に生まれました。七つ年上の姉の次に生まれた、待望の長男でした。

生まれた後の記憶はより鮮明です。赤ん坊のころ、私はいつも母におんぶしてもらいながら、母が忙しく家事をする様子を背中越しに見ていました。家族の洗濯物をたたんだり、夕飯に食べる野菜をとんとんと包丁で刻んだりしているのを「お母さんって大変なんだなあ」と思いながら見ていたものです。おんぶひもがずれてお尻にくいこんだときは「うぇーん」と泣いて知らせていました。

ようやく自分のお尻で座れるようになったころのある日、東京が豪雨に見舞われました。住んでいた下町は海抜が低いため、わが家も床上浸水してしまいました。両親は子どもたちをまず避難させようと、押入の上段のふとんの間に私と姉をぎゅっと押し込めました。それからしばらく両親は、濡れてはいけない荷物を移動させるなど、家じゅうを右往左往していました。

雨はやまず、水かさは増すばかり。畳まで、少しずつ浮いてきています。

私はその様子をはらはらしながら見守っていました。言葉こそまだ知らなかったけれど、思考と感情ははっきりと存在していました。あらあらどうしよう、水が来ちゃったら、いったいどうなってしまうのかなあ——。

しかしそこは赤ん坊。不安を募《つの》らせながらも、記憶はここで途切れています。そう、いつの間にか眠ってしまったのです。

豪雨は間もなくやみ、水も徐々に引いていきました。

不思議な予知をする幼児

東北出身の父がとても無口な人だったにもかかわらず、息子である私は言葉を覚えた途端、とてもよくしゃべるようになりました。

よくしゃべるだけでなく、やることなすこと、すべてにぎやかだったようです。当時人気の高かった子ども番組『ロンパールーム』に出てくる太鼓がどうしてもほしいと言って買ってもらい、それを叩きながらよく町じゅうを練《ね》り歩いていました。ちゃぶ台を舞台にして踊るのも好きでした。

そんな私が無邪気に話す言葉の中に、ときおり予知的なものがまじっているのを、はじめのうちは私も家族も気がつきませんでした。

わが家の一室には茶簞笥《ちゃだんす》があり、そのそばに火鉢《ひばち》が置いてありました。ある日私は、その火鉢から煙が出ている様子が視《み》えたので、母を火鉢のところまで引っ張ってきて「煙が出てるよ」と言いました。しかし母の目には煙など見えません。「なんでそんな嘘をつくの」と叱《しか》られてしまいました。

確かに視《み》えたことを言ったのに、嘘つき呼ばわりされた私ですが、決して落ち込んだりしませんでした。なにしろ好奇心旺盛な子どものこと。関心の対象がくるくると変わります。このときもすぐに庭に飛び出して遊び始めました。

少したって母は部屋の掃除を始めました。畳を掃《は》くために火鉢を少し移動させ、掃き終わるとそのままその場を離れました。そのとき、火鉢にかかっていたやかんが茶簞笥と接触していたことに母は気がつきませんでした。やがてその接触面が熱をもち、煙が立ちのぼり始めました。私が言ったとおりの事態になったのです。

また、こんなこともありました。夏のある日、父がすいかを買いに出かけようとし、「一緒に行こう」と私を誘いました。けれども私には、父親がけがをして、頭から血を流しながら帰ってくる様子が視《み》えたので、それを拙《つたな》い言葉で一生懸命に訴えました。ところが父も母も「この子は何を言っているんだろう」と思うだけでまともに取りあおうとせず、父はとうとう一人で出かけて行きました。

（上）新婚当時の両親。父親は口数の少ない厳格な人。母親は人に対する思いやりを重んずる人だった
（下）一歳の時、大好きだった祖母と。本文中にある床上浸水の一件は、この写真を撮る少し前

やがて父は、私に視《み》えていたとおりの姿で帰宅しました。自転車ごと転び、頭に大けがをしてしまったのです。すいかも粉々に割れてしまっていました。

こんな予知もしました。母と二人で銭湯へ行った帰り道、私は近所のある家を指さして「あそこのおばさん、もうすぐ死んじゃうんだって」と、声を潜めるでもなく無邪気に言いました。あたりは父の会社の社宅が建ち並ぶ一帯で、私の大きな声は夜の静寂に響きわたりました。「なんてこと言うの、やめてよ」と、母は慌てて制しました。そして「そういうことを言うと口が曲がるよ」と言い、私のほっぺたをつまんでひっぱりました。

このときに母が慌てたのは無理もありません。私が指をさした家のおばさんは、実際そのとき自宅療養中で、かなり危ない状態だったのです。私は何も知りませんでしたが、母はそれを知っていたので、私の言葉と声の大きさにひどく焦ったのでした。この予知も日をおかず現実となってしまいました。

覚えたての言葉で、胎内にいたときや赤ん坊のときの記憶を話し、みんなを驚かせたこともあります。あるときなどは、こともあろうに親戚一同が集まっている中で、母の胎内から視《み》た両親の夫婦喧嘩の話をしてしまいました。両親はひどく慌てました。

生まれてもいなかった私がそんなことを知るはずはない、姉が吹聴したのだと考え、姉を強く叱りました。

しかしこの出来事から、両親はさすがにおかしいと思い始めたようです。今までは一連の出来事を不思議に思いつつも、偶然の一致として聞き流していた両親でしたが、そうとばかり割り切れなくなってきたのです。

母は母なりに思うところがあったのでしょう。その後、私の言うことを頭ごなしに否定したり叱ったりすることはありませんでした。ただ「人の迷惑になるようなことだけはしないようにね」と優しく諭《さと》してくれるばかりでした。

私のように霊的感覚が並外れた子どもは、実は世の中に数多くいるのではないかと思います。しかしたいていの子どもは、それを口にするたび大人に「何を言っているの」とたしなめられ、やがて言葉で表現しなくなるのだと思います。けれども私はとにかくおしゃべりでしたから、胸に秘めておくことなどできませんでした。だからこそ何度もまわりを驚かせてしまったのです。

四歳のとき、父が亡《な》くなりました。その死をも私は予知しました。亡くなる数日前から、父のまわりを真っ黒い闇がとり巻くのを感じ、父がどこか遠くへ行ってしまう気がして恐くてたまらなくなったのです。その予感どおり、父は間もなく会社で倒れ、そのまま帰らぬ人となってしまいました。

父に会えなくなったこと自体は寂《さび》しいことでしたが、それよりも父のたましいが人生の苦しみからようやく解放された喜ばしさを、私は子どもながらに感じとっていました。その喜びが身体じゅうに満ち、父の死から何日もたたないうちから、大好きな太鼓を叩いて近所を練り歩きました。近所の大人たちは、そんな私の心までは知らず、ただ「けなげだねえ。かわいそうに」と言って涙を流したそうです。

問題児だった幼稚園時代

幼稚園での私は、とにかくやんちゃな問題児でした。

一日じゅうみんなと同じことをやっているのが退屈でたまらず、何度も幼稚園を脱走して家に帰ったものです。幼稚園に行ったはずの私が庭で遊んでいるのを見て、母はいつも「また帰ってきたの！」と驚き、あきれていました。

幼稚園へは毎朝幼稚園バスで行っていたくらいですから、けっこう家から遠かったはずです。いったいどうやって帰ってきたのかと、母は首を傾《かし》げていました。私は記

（上）一歳の夏。千葉の海水浴場にて、母親と
（下）四歳のお正月。七つ年上の姉と

憶力がとてもよく、一度通った道は絶対に忘れないのですが、このころすでにその特技を発揮していたのです。

そんな私が唯一おとなしくなるのは、粘土をいじっているときや、プラモデルを組み立てているとき、絵を描いているときでした。家族の間でも、私を静かにさせたいときは「しばらく何かをさせておこう」というのが暗黙の作戦だったようです。

庭で土をいじるのは特に好きでした。土を湿らせて、泥の団子をせっせと作って並べたものです。あんまり熱心に作り続けるものだから、父は生前よく「こいつは団子屋に奉公《ほうこう》に出す」と言っていたそうです。

絵を描くときも夢中になりました。けれども私が描く絵は奇妙な絵ばかりでした。真っ黒な太陽、真っ赤な海、宙に浮いた家……。

私にしてみれば、「見たとおりに描きましょう」と幼稚園の先生が言ったとおりにしていたのです。けれども先生は、当時の児童心理学的な知識から私を心配し、母をたびたび幼稚園に呼び出しました。「このようなおかしな絵を描くのは、ちょっと問題です。家庭内の愛情が足りないのではないでしょうか」

母はその都度がっくりと肩を落として帰ってくるのでした。ただでさえ女手ひとつの子育てに必死だった母に心配をかけてばかりいたこのころのことを思うと、今でもとても申し訳ない気持ちになります。

心霊現象のたびに寝込む日々

小学校に入り、自我が目覚めてきたころから、私は自分がほかの子どもたちと違っていることに気づき始めました。

私には人が発する「オーラ」が、子どものころから当たり前のように視《み》えていました。それが当たり前でないことを、入学して間もない時期に思い知らされたのです。

背が高く視力も良かった私は、教室の一番後ろに座っていました。その席からは、ほかの子どもたちのオーラが色とりどりに輝いて視《み》え、黒板が見えなかったのです。

私は先生に「前の人たちの光で黒板が見えません」と無邪気に訴えました。先生は窓から入る日光の反射のためだろうと考え、カーテンを閉じてくれました。けれども、その光はかえって強くなるばかり。教室が暗くなると、子どもたちの精神がますます研ぎ澄まされ、オーラの輝きが強まるからです。

「もっと眩《まぶ》しくなりました」と言うと、先生は私の身体に異常があるのではないかと考え、保健室に連れていきました。病院へも行かされましたが異常は認められません。結局私が嘘をついたのだということになり、またもや母親が学校に呼ばれて、先生から注意を受けてしまいました。

このようにまわりを当惑させてばかりいた私の霊的体質も、思わぬかたちで役に立ったことがありました。

ある日の図工の時間、写生をするためにみんなで荒川のほとりへ出かけました。めいめいが好きな場所を陣取り、画板の上に画用紙を広げて絵を描き始めました。

私も黙々と写生をしていました。しかしそこへ、ふと、声が聞こえてきました。「ねえねえ、こっちこっち」。あたりを見まわしますが誰もいません。「ねえ、ねえ」。声はささやき続けます。私は導《みちび》かれるように、ある方向へ歩いていきました。しばらく行くと、川面に人が浮いているではありませんか。すぐさま先生に告げ、警察を呼びました。それは行方不明になっていた人の死体だと判明し、この一件はさっそく翌朝の新聞に載りました。

十歳になったある日、私は霊というものの「姿」を初めて視《み》ました。

それは、通学途中の交番の前にたびたび立っていた、防空頭巾《ずきん》を被ったお母さんと女の子でした。私に視《み》える二人は、この世の人とまったく同じようにはっきりとした姿をもっていました。「おかしな格好をした人たちだな。いったい誰だろう」と私はいつも不思議に思っていました。

私が気にしていることが二人に伝わったのでしょうか。ある晩、二人が私の部屋にやって来ました。そして、女の子が「家族はどこ？　どこへ行けば安全なの？」と私に尋ねてきたのです。そのときの私には「戦争はもう終わっているよ！　早く天国へ行って！」と、二人に言い聞かせることしかできませんでした。

私が住んでいたあたりでは、東京大空襲のときに大勢の人が亡くなっています。親子はその空襲で亡くなり、いまだにこの世をさまよっている霊だったのでしょう。

その後もたびたび霊の気配を感じるようになりました。日暮れすぎに近所の大きな病院や戦没者慰霊碑の前を通ると、いつもざわざわと人の声が聞こえたものです。

姉と同時に霊を視《み》たこともありました。このころすでに高校生になっていた姉は、私をよく銀座などに連れ出してくれたものでした。

当時は姉のほうが私よりずっと強い霊的体質を持っていました。大人になるにしたがい自然と治まっていきましたが、高校時代は一番のピークだったようです。

ある日私と姉は、銀座の歩行者天国を二人で歩いていました。すると向こうから、白装束をまとった人がまっすぐ歩いてきたかと思うと、私たちの身体をすーっと通り抜けていったのです。二人は後ろをふり返り、白装束の背中を見送ろうとしましたが、もう姿はありません。私たちは「視《み》た？」、「視た」と、うなずき合いました。

姉は霊をとても恐がりました。年に何回かは夜中に「霊がいる！」と言って暴れ、母親に「しっかりしなさい！」と揺り起こされていました。

私は霊を恐いと思ったことはありません。子どものときから、ただ「驚かさないでよ、もう」と思う程度でした。霊は時と場所をわきまえず不意をついて現れるので、時々ほんとうにびっくりさせられるのです。

それよりも当時の私が困っていたのは、霊を視ると体調が悪くなることでした。全身がだるくなり、熱を出して寝込むこともしばしば。体格は良いにもかかわらず、虚弱体質だったのです。

死んだ人の霊だけではありません。生きている人たちの想念のエネルギーをまともに受けてしまうため、人ごみがまるで苦手でした。電車に乗ったり、デパートに行ったりすると、それだけでひどい偏頭痛が始まりました。帰宅後は決まって座布団の上にへたり込み、一時間は横になっていなければなりませんでした。

頭痛では済まず、四十度近い高熱を出すことも月に二回はありました。熱を出すことには、霊的にもある種の浄化作用があるのでしょう。一晩汗をかいて寝れば翌朝にはすっきりして、またいつものように元気に遊んでいました。

母の最期の言葉

中学に入学すると、私の霊的体質はだいぶ治まりました。たまに寝込むことはあったものの、霊を視るようなことはぐっと少なくなりました。相変わらず明るく活発な、ごく普通の中学生でした。

歌が大好きで、クラブ活動はフォークソングクラブ。将来の夢は学校の先生になることでした。親戚に先生が多いこともあってか、母親も私に、生活の安定した公務員になることを望んでいました。

恋愛に目覚める年頃でもありました。私のような霊的感覚の強い人間は、恋愛でも相手の気持ちが読めて羨《うらや》ましいと思う人がいるようですが、とんでもありません。我欲の混じることは、正しく視《み》えないものなのです。誰でもそうではないでしょうか。

友だちのことは冷静に判断できるのに、自分のことは、こうありたいという願望が邪魔して客観性を失ってしまう。私も同じです。

楽しい日々に転機が訪れたのは、中学二年生が終わろうとしているころでした。ある朝私は、葬式に参列している夢を見ました。私が抱えて歩いている遺影をのぞき込むと、そこには母親の顔がありました。「あれ、お母さんだ」と驚いたところで目が覚めました。縁起が悪い夢だと思い、このことは心にしまっておくことにしました。

それから間もなくのことです。母親が体調を崩して入院してしまいました。私たちきょうだいを育てるために懸命に働き続けてきた母が、とうとうダウンしてしまったのです。診断の結果は癌《がん》。しかも末期だということがわかりました。

このころから徐々に、私の霊的能力が戻ってきました。母のいる病院に行くたび、亡くなった人の霊がたくさん視《み》えるのです。廊下を歩いていたり、ベッドに寝ていたり。包帯だらけの霊もいました。どの霊も、人間に悪さをしようという気持ちなどなさそうでした。ただ自分が亡くなったことに気づけず、いまだに入院しているつもりでいるだけのようでした。

予知的な勘も戻ってきました。たとえば、廊下などですれ違った入院患者に「あの人はもうじき死ぬな」と感じると、その人は間をおかず亡くなるのでした。

ある日のこと。母が、病室で二人きりになった私に、今後の人生で大切にしなければならないことを、いろいろと語り始めました。人を思いやることの大切さ、人頼みにせず、与えることを喜びと感じて生きなさいということ。

母はさらに続けて、予言めいたことを私に告げるのでした。「私はもうすぐ死ぬ。きょうだい仲良く暮らしてね。おまえは、自分を一番大切にしてくれる母親という存在を失ってしまうのだから、自分の行いに責任を持って、自分のことは自分で守っていくのよ。おまえは十八歳までは守られる。でもその後は苦しいことがたくさんあるでしょう。けれども決して負けてはいけないよ。明るさを失わずに生きていくんだよ」と。

深くうなずきながらも、私は内心、不思議に思っていました。自分のほうこそ大変なときに、母はなぜこんなことを話すのだろう。そして不安になりました。母の言う「十八歳」になったら、いったい私はどうなってしまうというのだろう。

翌日から母は、意識不明に陥《おちい》りました。意識不明の状態が一週間ほど続いたある日、私は、隣の病室が空いているので泊まっても構わないと病院の人に許されて、そこで一夜をすごしました。翌朝の八時頃だったでしょうか。「起きなさい」という声が聞こえて目を覚ましました。それは母が元気だったころの声でした。

私はぼうっと起き上がり、夢遊病者のように隣室へ移動したようです。気づいたときには母のベッドのそばに立っていました。姉もそこにいて、「あれ、息がない！」と叫びました。すぐに医師を呼び蘇生してもらいましたが、間に合いませんでした。「起きなさい」という声がした瞬間が、おそらく母の臨終のときだったのでしょう。

母はつねづね、「私の死に目だけは見るんだよ。親の死に立ち会えないのは、子どもにとって一番の不幸なんだから」と話していました。自分がこの世を去るところを、子どもたちにどうしても見せたかったのだと思います。

私の霊的体質のために、心配ばかりかけた母。明るくにぎやかな性格で、母子家庭の苦労を微塵も感じさせなかった母。私はその母に何もしてあげられなかった無念さに泣きました。

美術と声楽を学んだ高校時代

母が亡くなったことで、私は大学進学をあきらめねばならないと思いました。そこ

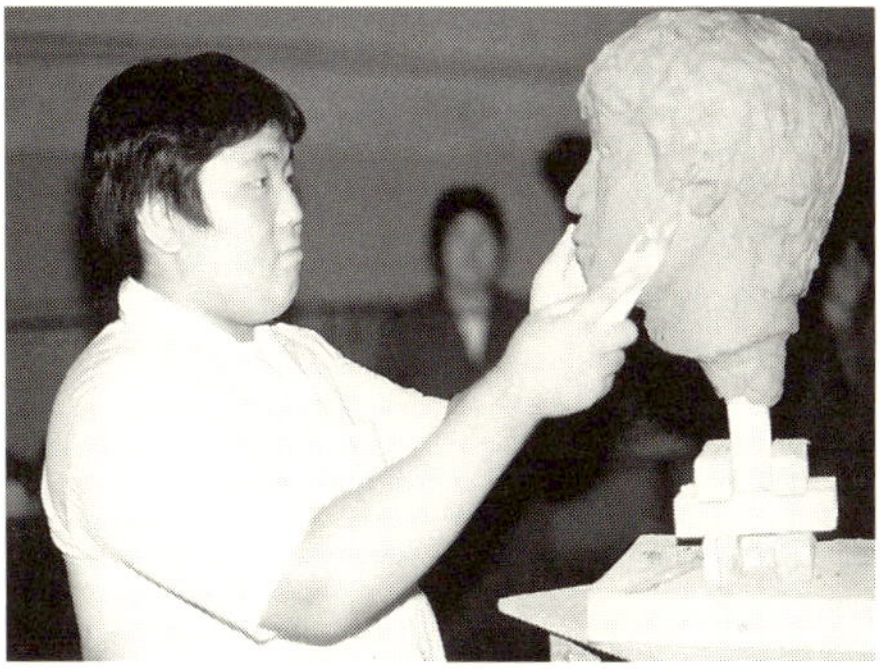

(左上) 小学三年生の頃 (後列左から二番目)。防空頭巾を被った親子の霊を視たのはこの頃
(右上) 中学時代。フォークソングクラブの合宿でのスナップ
(中) 中学二年生の頃。母親と旅先で。間もなく母親は病に倒れる
(下) 高校時代は美術を学んだ。友人の顔の塑像を製作中

で将来を考え直したとき、もともとの性格上、デスクワークのサラリーマンになるのはどうしても向いていないと思いました。私が好きなのは、手先を使う、芸術的要素のある仕事です。そこで、高校では美術の勉強をすることにしました。

高校時代はとても楽しい日々でした。学校では芸術家肌の友だちに囲まれ、歌が好きな私は放課後に声楽のレッスンにも通い、若さと自由を謳歌していました。入学して間もなく姉が結婚したため、一人暮らしとなった寂しさはあったものの、生来の性格から、誰からも明るく朗らかな人と思われていたようです。

しかし母の死を予知したころから再発していた心霊現象は、高校に入ってもやみませんでした。ひどい金縛りに遭うことなどしょっちゅうでした。

さらに、当時高校で流行《はや》っていた「こっくりさん」が追い打ちをかけました。美術系の学校でしたから、友だちはみんなかなり凝《こ》った描き込みをした紙を用意し、ろうそくを立てて、本に書かれた手順にしたがい霊を招いていました。

私も一度、興味本位で加わってみました。するとどうでしょう。ろうそくの炎が一メートルほどの高さに燃え上がり、ものすごい速さで文字が示されていったのです。そのときに来ていた霊は、物を落とすなどの物理現象も起こしてみせました。

こうした現象は私が加わったときにのみ起こるということで、それ以来、私は引っ張りだこになりました。土曜日の夜に、友だちの家にみんなで集まって、泊まりがけでやったこともありました。

今では大変に恐ろしいことをしたものだと反省しています。こっくりさんなどで出てくる霊は、いたずらな低級霊なのです。この遊びをしているうちに質《たち》の悪い低級霊に取り憑《つ》かれ、ひどい目に遭っている人はたくさんいます。

このころから私が霊を視《み》る回数はどんどん増えていきました。家で寝ているときは、六十歳ぐらいの蒼白《あおじろ》い細面《ほそおもて》の男性の霊が、たびたび現れて私を不気味がらせました。隅田川の川面から人の手がいっぱい出ているのを視《み》たこともありました。

それでも高校時代までは、耐えられる程度で済んでいました。

やがて私は、母が予言した「十八歳」を迎えることとなったのです。

引っ越す先々に霊がいる！

一度は大学進学をあきらめていた私ですが、幸いにもある大学の芸術学科に進むことができました。入学と同時に、家族との思い出のある下町の家を離れ、大学の近くにあるアパートに越して行きました。ところがこの引っ越しを皮切りに、その後の一年間で四回も引っ越しをすることになったのです。

一軒目のアパートでは友人と同居していました。ここで私たちは数々の心霊体験を共有しました。たとえば夜な夜な聞こえる、何者かが足袋《たび》で床をするような音。霊がふすまを叩いて「ふっふっふ」と笑うのを聞いたこともありました。

友人も霊的感覚が大変強い人だったため相乗効果があったのでしょう。「二人で住むのはお互いによくない」と話し合い、別々の場所へ越すことになりました。

二軒目は、小高い山の上の住宅地にあるアパートでした。私は入居した日に、準備しておいた蛍光灯をさっそく天井にとりつけました。

数日後の深夜、眠っているとバタバタと音がします。また心霊現象かとうんざりし、無視して朝まで寝ていました。翌朝部屋を見渡すと、何も変わったところはありません。あの音は二階の住人の仕業《しわざ》か、気のせいだったのだろうと安心して再び横になった途端、私は飛び起きました。天井いっぱいに無数の手形がついていたのです。油が染みたような、大きな男の手の跡でした。照明器具をつけた初日の夜は、いや昨日の夜だって、天井は確かにきれいだったのに。また引っ越しです。

三軒目はにぎやかなところを探し、商店街にある室内装飾店の二階の部屋を借りました。人の往来も多いここならにぎやかだし安心できると思いました。

ところが、毎晩のように窓辺に人影が現れ、ガラス窓を叩くのです。はじめは泥棒と思い、学校で図面を描くときに使う大きな定規で追い払ってやろうと身構えました。しかし窓を開けると誰もいません。そのうち、階段を上がってくる足音が毎日聞こえるようになりました。金縛りの回数も増すばかり。ここにももういられません。

四軒目は神社が経営しているアパートでした。ここならきっと守られる、大丈夫だと思って決めました。けれどももはや、心霊現象はとどまるところを知らない勢いでした。部屋にいようが、街や大学のキャンパスを歩こうが、いたるところに霊が視《み》えるようになってしまったのです。

想像してみてください。一度や二度、霊を視《み》たというのとはわけが違います。四六時中、どこを向いても霊がいるのです。人の霊だけではありません。木を見上げれば、ふわふわとした丸いものがいくつも浮かんでいます。それが「木霊《こだま》」、すなわち木のたましいだと知ったのはずっと後のことで、このときの私にはどこを向いても不可解なものだらけ。もう気が変になりそうでした。

それでも、せっかく手に入れた大学生活を続けるために、なんとかアルバイトをしてお金を作らねばなりません。私はある専門学校の警備のアルバイトを始めました。泊まりがけの警備なら一万円と割がいいうえ、昼間はちゃんと大学へ通えます。

ところがこのアルバイト先でも、数々の心霊現象に苦しめられたのです。

あるときは、三階にいるというのにオートバイとダンプカーが走ってきて正面衝突するのを目の前で視ました。もちろんそれは霊的な映像だったのですが、一瞬「もうだめだ！」と思ったほど真に迫るものでした。さらに、ふと棚の上に置かれたヘルメットに目をやると、中に若い男の顔が視えるではありませんか。後で聞くと、ヘルメットは、オートバイとダンプカーの衝突事故で亡くなった若者の形見とのことでした。

また、こんなこともありました。警備室の椅子に座っていると、どうも視線を感じます。外には誰もいません。ふと横のガラス窓を見ると、なんと自分と同じ制服を着た他人が映っているのです。六十歳ほどの男性で、目が合うとすっと消えてしまいました。後でベテランの警備員に、私が視たとおりの容姿、年齢の警備員が、かつて警備室で座ったまま心臓発作で亡くなったという話を聞きました。

このような心霊現象が起こるたび寝込んでいたため、アルバイトは休みがちになりました。預金も底をつき、大学は退学せざるをえなくなってしまいました。

絶望の淵《ふち》にあった私に一つの出会いがありました。アルバイト先に、一人の修行僧が荒行にかかるお金をためるため、警備員として新しく入ってきたのです。お坊さんには霊的な話もしやすい気がして、私は自分の体験を話しました。すると彼は「そういうことは実際あるんだよ。ほかの人に視《み》えないものが視えるだけで、決して異常なことではない」と励まし、知人だという尼僧の霊媒師を紹介してくださいました。

その尼僧に会いに行くと、私を襲う心霊現象は「成仏《じょうぶつ》できていない先祖の霊のせい」と言いました。私は、それで苦しみから逃れられるならと、尼僧から教わった方法どおりに、毎晩八時に欠かさず先祖の供養をすることにしました。

しかしお経を唱《とな》えるたび、部屋と台所を仕切っている磨《す》りガラスがカタカタと揺れ始めるのです。はじめは二階に住む学生が洗濯機でもまわしているのだと思っていました。ところがある日その学生に聞くと、洗濯機など持っていないと言うのです。

修行僧を通じて尼僧にこの音のことを尋ねてもらうと、「御先祖の霊が喜んでいる証拠ですよ」とのことでした。しかしいくら喜んでいるからとはいえ、何日たってもやまないのはおかしな話です。しだいに、尼僧への不信感が募《つの》っていきました。

心霊現象はやまず、経済的にもますます苦しくなるばかり。自分の人生がなぜこんなことになってしまっているのか、私には皆目わかりませんでした。そして、こうなったからには、徹底的にそれを解明してやろうと思うようになりました。

納得のいく真理を求めて

それから私は、霊能者の顔写真や連絡先が載《の》ったガイドブックを参考にして、霊能者を訪ね歩くようになりました。自分に起きていることを心から納得のいく言葉で解明してくれる霊能者と出会いたかったのです。

しかし、アルバイト代をつぎこんで二十人近い霊能者に会っても、一人も私を納得させてくれませんでした。どんなに有名な霊能者も期待はずれで、一度で「もういいや」と思うような面会ばかりでした。

たとえばこんな調子です。待合室にいると事務の女性が来て、私に個人的なことをいろいろと尋ねます。あなたのお父さんは？　死にました。お母さんは？　死にました。やがて呼ばれて霊能者のいる部屋へ入っていくと、「あなたのご両親は成仏できていない。供養にはいくらいくらかかる。貯金してでも、ぜひ供養をするべきです」

と言うのです。両親がすでに他界している情報を事前に得たうえですから、これを言うだけなら誰でもできるのではないでしょうか。

「あなたの適職はコックさんです」と言う霊能者もいました。「人の体格を見て言うんじゃない！」と、腹立たしい限りでした。

私はそれでも、意地になって霊能者めぐりを続けました。その間、何度同じ言葉を聞いたかわかりません。先祖の供養ができていない、両親が成仏できていない。

しかし私は幸いでした。二十人目に、後にわが師匠となる女性の霊媒、T先生に行き当たったのです。

T先生はほかの霊能者と違い、「ではまず、あなたのお父さんとお母さんを呼んでみましょう」と言って、いきなり「招霊《しょうれい》」を始めました。「呼ぶってどうやって……?」ととまどう私の前で、T先生はすでに招霊なるものの態勢に入っています。

部屋には私と先生のほかに誰もいません。「まいっちゃったなあ」と思っていると、いきなり先生は私の手をつかみ、「久しぶり！」と言いました。母の霊が降りてきたらしいのです。「テレビみたいな世界だなあ」と思いながら、私は「はい、久しぶりです」とぎこちなく答えました。半信半疑でいた私ですが、「母」の語る言葉は、確かにわが家に関する、T先生には知りえない私的なことばかりでした。

招霊が終わると先生は、私を見舞う心霊現象についてこう諭してくれました。

「あなたには悪い霊が憑いているわけではありません。持って生まれたものだから仕方がないのです。霊能力は消せませんが、あなたが人格や想念を高い波長に変えていけば、低級霊にふりまわされることはなくなります。あなたには立派なお坊さんの霊がついていて、この道に進ませようと導いていらっしゃるから、がんばって自分を変えていけば大丈夫」と。

「立派なお坊さん」は、昌清《まさきよ》之《の》命《みこと》という名の私の指導霊とのことでした。これを聞いてふと思い出したのは、T先生を訪ねる直前に視《み》た不思議なビジョンでした。

明け方、半《なか》ば覚醒《かくせい》していた状態での夢ともいえない夢の中で、私はしゃぼん玉のようなものがゆらゆらと揺れているのをぼんやり視ていました。その下には、人間の形をした半透明の小さなものが、うじゃうじゃと逃げ回るように右往左往していました。そこへ、蛍光色の青紫色をしたお地蔵さんのようなシルエットが現れ、荘厳な声で私に語りかけてきたのです。「この状況をお前はどう思うか。これらの者たちをいかに手助けしていくかがお前の生まれてきた目的であり、人生じゃ」と。

そのときの私は「今のは何だったんだろう」と思う程度でした。しかしT先生に話してみると、それはまさに昌清之命からの霊示に違いないとのことでした。

T先生は念を押すように言いました。「自分自身をまず変えないといけません。私の言うことが信じられなければ別の霊能者を紹介するから行ってごらんなさい」

紹介されたW先生を訪ねると、やはりW先生も「ああ、あなたには修験道の行者の霊がついているね」と言うのでした。そして「あなたはテレパシー能力が強いから心霊治療にも向いている。三十代後半からものすごく忙しくなるよ」と、今の私の多忙を予知したのです。

生来の性格で、物事を疑うところから始める私には、二人の霊能者の言うことをまだ信じきれていたわけではありませんでした。けれども、いやがうえにも増していく心霊現象の苦しみから逃れたいばかりに、ある時点で私は観念したのです。こうなったら一か八かで信じるしかないと。

私がまず始めたのは、心霊科学の勉強と、寺での修行でした。心霊科学の勉強を始めたのは、「霊能者はこれまでのような神秘の存在でいてはいけません。アカデミックな心霊研究を学んでいく姿勢が必要です」とT先生に勧められたからでした。そして、ある寺で、自分の指導霊と同じ修験道に励むことにしたのです。

寺では火渡りなどの修行を真剣にこなしました。しかしそれは大変な苦痛を伴いました。霊媒体質のために、ここでもことあるごとに寝込んでしまったのです。御札のおたきあげをした後などは特に大変でした。かわいがっていただいた寺の方たちには申し訳ありませんでしたが、一年あまりで私は寺を去りました。

再び道を見失ってしまった私に、T先生は、昌清之命が現世で生きていたときに励行していたという滝行を勧めました。それから私は二年間、ほとんど毎日、山へ出かけて滝行を続けました。警備のアルバイトと、T先生のもとでの心霊科学の勉強、精神統一の訓練に加え、この滝行です。目の回るような忙しさでした。

しかしこの滝行のおかげで、私はやがて、霊的体質をプラスへと転ずることができたのです。まず、低級霊から身を守れるようになり、具合が悪くなって寝込むことはほとんどなくなりました。そして、昌清之命をはじめとする背後霊団と一体になり、スムーズに交信を行えるようになりました。霊能を使うときと、使わないときの切り替えも自分の意志でコントロールできるようになりました。

私はやっと落ち着いて、自分の将来を考えられるようになりました。

T先生には「霊能者というものは、残念ながら職業として、まだ社会的に認められていません。なるなら人生勉強を積んだ四十歳を過ぎてから。それまでは、しっかりとした職業を持つべきですよ」と、つねづね言われていました。その職業を何にするかを考え始めたのです。

そのころ、S先生という霊能者を本で知りました。「この人には絶対に会わなければ」と直感し、すぐに会いに行きました。S先生はあたたかく私を迎え、「あなたにはすごいお坊さんがついているね」と言いました。そしてT先生と同様に、心霊についてアカデミックに勉強していくことの必要性を説《と》きました。将来については明言しなかったものの、暗に、心霊の道に専念するのが一番だと言いたいようでした。けれどもこの道は、私にとってはもともと入りたかった道ではありません。進路に対する迷いは深まるばかりでした。

霊能力を生かす道

やがて一つの方向が見えてきました。國學院大学の夜間コースに通いながら、神主の資格をとるための勉強をするという道です。

神主の資格をとるには、実務実習として神社に務めなければなりません。神社に奉職する代わり、学費を神社に負担していただくのがこの世界の決まりごとです。

しかし神社というところは非常に入りにくい世界です。入りたいからといって入れるものではなく、つてが必要です。しかし私はここでも幸運でした。知人がたまたまよく知っているというK神社を紹介してくださったのです。

この神社との出会いにも、不思議な導きがあったように思います。

神社というところは、一般に霊的なものを肯定するとは限りません。けれども私は、受け容れていただく以上、自分のことは包み隠さず話さなければと思い、今は亡き先代の宮司《ぐうじ》に自分の霊的体質やこれまでの体験をすべて打ち明けたのです。

反応は実に意外なものでした。「それは面白い」と歓迎してくださったのです。K神社は実は歴代、霊媒を信奉している神社だとのこと。物理的心霊現象を起こす霊媒として有名な萩原真をはじめ、日本の霊媒の歴史に名を連ねる霊媒たちがK神社に出入りし、心霊実験の集いなどを開いていたといいます。K神社にしてみれば、時代を経てまた新しい霊媒がやって来たという感覚で、私を迎えてくださったようでした。

務め始めてわかったのですが、神社というところには氏子たちから日々さまざまな相談が持ち込まれます。「うちにはお葬式が続いているのですが、なぜでしょうか」、「父が原因不明の病に倒れたのです」。

宮司には扱いきれない相談が来ると、私の出番となりました。これが今に至る心霊相談の始まりです。霊能力を人のために生かす道がここから開けてきたのです。

もちろんこのときはまだ神主の仕事がメインでした。お祓《はら》い、地鎮祭《じちんさい》、結婚式と、神主としてひと通りのことをこなしていました。結婚式の多い大安の日などは大忙し。式場から式場へ、着替える余裕もなく、巫女《みこ》たちと仮装行列さながらタクシーで移動したものです。けれどもそれ以外の日は、神主の仕事はたいてい午前中に一段落します。午後は心霊相談をすることが恒例の日課となっていきました。一方で、私のもとで心霊を学びたいという人がしだいに集まり、心霊サークルを結成しました。

そうこうするうちに大学を卒業し、神主の仕事に専念するときが来ました。ところがこのときすでにクチコミで相談者が増え、私は相談だけでものすごく忙しくなっていたのです。しばらくは神主と心霊相談をかけ持ちしていましたが、神主の仕事がどうしても続けられない状態にまでなってしまいました。

私は悩みに悩んだ末、神主の仕事を辞め、霊能者として独立する決意をしました。

お世話になったK神社に対しては大変心苦しかったのですが、なにしろ朝から晩まで相談者が絶えないありさまです。この現象自体が、私の迷いに対する答えではないかと思えたのでした。

もう一つ、私の背中を強く押したのは、いつか視《み》た昌清之命からの霊示でした。

「この逃げ惑う者たちを、いかに手助けしていくかがお前の生まれてきた目的じゃ」

この言葉どおり、私は与えられた霊能力を人のために生かして、人々が真の人生に目覚めていく手助けをしていこう。そう心に決めたのでした。

第二部

叡智《えいち》こそ幸せへの道

イタリア・アッシジにある聖フランチェスコ
大聖堂の修道院にて。二十代半ば

この仕事を選んだもう一つの理由

平成元年三月。私は「スピリチュアリズム研究所」を開設しました。

これまでに書いたような経緯から、私はいつからか霊能を世の人のために生かす霊能者として活動していました。神主を辞め、いよいよその道一本で生きていくと肚《はら》を決めたとき、この研究所を立ち上げることにしたのです。

私がこの仕事に生きることになったのは、表面的な流れからいえば、苦しい心霊現象から逃れたい一心で霊能力の開発向上に努めた結果でした。しかし決してそれだけではありません。大事な理由がもう一つあり、私の人生の大きな流れを考えると、むしろこちらのほうが本筋だったといえます。

それは、「人生とはいったい何なのか」という切なる疑問です。両親が亡くなったときから、一貫して私の思考を占めていたテーマでした。

私の両親は二人とも、世間で言う苦労人でした。父も母も、子ども時代は家族との縁が薄く、寂しい思いをしながら育っています。大人になって二人は出会い、結ばれ、子どもに恵まれました。そしていよいよこれからというときに、次々とこの世を去ってしまったのです。

父や母の人生は、なぜこんなにも儚《はかな》かったのか。何の苦労もない幸せな人もいるというのに、世の中は不公平ではないか。

若かった私は義憤にも似た思いに駆られました。答えの見えないいくつもの疑問が私の中でふくれ、ひどい消化不良を起こしていました。

苦労を憎んでいたわけではありません。私が生まれ育った下町には、父親が飲んだくれだったり、一家で夜逃げを余儀なくされたりという、大変な苦労を抱えた家がごく普通にあったため、苦労そのものについては、ちょっとやそっとはあって当然ぐらいにしか思いません。

それよりも私は、なぜこの世が不公平なのかという疑問に対する、納得のいく答えを求めていたのでした。その答えが曖昧《あいまい》な慰《なぐさ》めではいやで、とことん理に適《かな》ったものでないと満足できませんでした。

T先生の導きで始めた心霊の勉強は、人生というものを深く見つめさせる内容でした。霊的世界の存在を前提としてこの世を考えると、私の疑問の迷路にも光が射してきました。父や母の人生が不幸なものだったという思いも薄れていきました。私が心霊科学に夢中になったのは、まさにそのためだったのです。

霊能を持っていたことは、確かに私が霊能者として生きる「きっかけ」にはなりました。しかしそれよりも、霊能を持っていたから、それを「武器」に人生とは何かをよりいっそう深く探求できたというのが、私にとっての真相でした。

さて、多くの人たちのあたたかい励ましの中で、私の霊能者生活が始まりました。「スピリチュアリズム研究所」の初代オフィスは、世田谷《せたがや》のアパートの小さな一室で、私の住まいを兼ねていました。多くの相談者がそこを訪ねてきました。心霊サークルの人たちとの研修会はいつも楽しく和《なご》やかで、何もかもが順調でした。

しかしそうこうするうちに、私の心に新たな疑問が湧いてきました。

たとえば「宗教」とはいったい何なのでしょう。世の多くの人たちは宗教を信じてそこの神様を拝《おが》んでいるけれど、それだけでほんとうに天国に行けるのでしょうか。

また、「霊能者」にはどんな意味があるのでしょう。世の中の霊能者はみんな、なぜ大げさな格好や身ぶりをしてみせるのでしょうか。霊能者の多くは宗教がらみですが、宗教と霊能は、本来あまり関係ないのではないでしょうか。

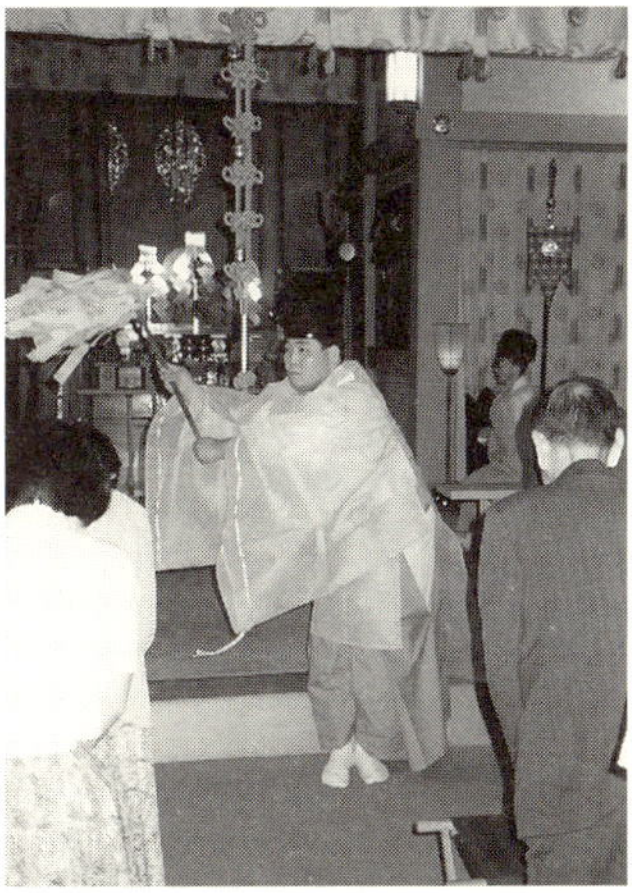

（上）二十歳前後は毎日のように高尾山へ滝行に通っていた
（右下）大学で神道を学びながら神社に奉職していた頃
（左下）二十四歳の春、東京・世田谷にスピリチュアリズム研究所を開く。写真はその開所式

T先生、S先生というすばらしい師匠に恵まれてはいるけれど、日本の心霊の世界に、どうにもならない行き詰まりを感じていました。

答えを求めて、貪《むさぼ》るように本を読みました。日本のものでは、戦前の日本にスピリチュアリズムを初めて紹介した浅野和三郎の著作が大変勉強になりました。翻訳ものでは『シルバーバーチの霊訓』に強く感銘を受けました。

これらの内容は、心から納得のいくものでした。自分自身の経験から作り上げてきた人生哲学が間違っていなかったという安堵を私に与え、それに対する学問的な裏づけもしてくれました。

私はしだいに、多くの本に心霊大国と紹介されているイギリスの存在が気になってきました。T先生、S先生も、彼らの世代の日本の霊能者には珍しく、イギリスに渡ってスピリチュアリズムを学んできています。T先生はこのときすでに八十代でしたが、通訳の仕事の経験があり、英語は堪能です。S先生は、心霊治療家として世界的に有名なハリー・エドワーズにかわいがられ、彼の勧めでヒーラーなった人です。二人は異口同音に、私に「あなたの時代には霊能者は〝拝み屋〟の領域を出ないといけません。視野を広げてアカデミックに学んでいきなさい」とつねづね語っていました。

イギリスに行かねば。行って心霊科学を本格的に学ぼう。私はそう決意しました。

心霊研究の都、ロンドンへ

平成二年、私は初めてイギリスに行きました。そこは日本とはまるで違う世界でした。特にロンドンは、まさに心霊研究の都だったのです。

大使館が建ち並ぶロンドンの中心部には、スピリチュアリスト（スピリチュアリズム＝心霊思想を信奉し、実践する人たち）の団体では代表的存在であるＳＡＧＢ（英国スピリチュアリスト協会）がありました。ここでは日々、霊的世界の存在を実証して見せる「デモンストレーション」、霊的な力で、病《や》む人をたましいから癒す「スピリチュアル・ヒーリング（心霊治療）」など、スピリチュアリズム普及のための活動が幅広く行われていました。ここで仕事をする霊媒はオーディションに合格する必要があります。いわばイギリスの霊媒の登龍門なのです。

サイキックの学校、カレッジ・オブ・サイキック・スタディーズも、サウスケンジントンの一等地にありました。

そして町ごとに、スピリチュアリスト・チャーチと呼ばれる教会が、キリスト教の教会とは別に存在していました。スピリチュアリスト・チャーチは、地域のスピリチュアリストたちの祈りと集いの場であり、霊媒を呼んでのデモンストレーションやヒーリング、カウンセリングも行われていました。

キリスト教ではイエス・キリストのみが奇跡を起こせる神の子としているので、イエス以外の者が霊能力を使うことは認めていません。そのためキリスト教信者にはスピリチュアリズムを真っ向から否定する人もいます。しかし一般のイギリス人の中には「私はスピリチュアリストだけど、宗教はキリスト教。それとこれとは別です」と割り切っている人も少なくありません。

こうした状況は私を圧倒しました。なんてすごい国だろうと感服しました。特にヒーリングは、非常に広く浸透しています。当時イギリスには九千人ものヒーラーがいました。王室もヒーリングを推奨していますし、医師と一緒にクリニックを経営しているヒーラーもいます。今では保険も適用されています。

イギリスの医療制度では、保険の利く病院が自分の住む地域内に限られていて、納得のいく医者にかかるためには非常にお金がかかります。そのためイギリス人は、自分の健康は自分の責任で守っていこうという意識が強いのです。スピリチュアル・ヒーリングや、ハーブなどを用いての自然療法などが盛んなのはそのためです。

私はすっかりイギリスに魅せられて、その後の六年間で九度も足を運びました。特にセミナーの多い夏は一、二か月、ロンドンにアパートを借りて住みました。

セミナーでは霊媒としてのさまざまな技術や方法論を学びました。イギリスの霊媒のあり方はまさに技術者のそれで、日本の霊媒にありがちな宗教っぽさが微塵《みじん》もありませんでした。ヒーラーになるためには、組合が定めた試験を通過する必要があります。そのうえで免許証をもらい、組合に所属することになっています。私も面接やレポートによる試験を受けて、ワールド・フェデレーション・オブ・ヒーリング（世界ヒーリング連盟）からスピリチュアル・ヒーラーとしての認定を受けました。

イギリスでは、数多くの有名な霊媒と出会うこともできました。

ヒーラーのテリー・ゴードンは、先述の伝説的な心霊治療家ハリー・エドワーズの指導を直に受けた人物です。初めての渡英のときから私を非常にかわいがってくださり、会うべき霊媒、参加すべきセミナーなど、あれこれと助言してくださいました。

霊能を犯罪捜査に発揮して大活躍したネラ・ジョーンズにも、サイコメトリー（物品の持つエネルギーから、その持ち主の人物像などを霊視すること）のさまざまな手法を教えていただきました。ネラにはこんなエピソードもあります。私は高校時代に声楽を習っていましたが、その後中断し、再び本格的に学び始めたのは三十代半ばでした。ネラに会ったのは歌を再開する十年も前でしたが、初対面の私にいきなり「あなたはオペラ歌手になるべきだ」と言っていたのです。

もっとも大きな影響を私に与えたのは、ドリス・コリンズでした。今の私の活動の基本は、すべてドリス・コリンズにあるといっても過言ではありません。

ドリスは十八歳から霊媒として活動し始め、海外を含む公演ツアーやテレビ出演、本の執筆を盛んに行い、心霊の否定派たちを論破し続けてきた傑物です。イギリスの霊媒には、日常の中で地道にヒーリングなどを行っていく職人型が多いのですが、ドリスはステージ活動が中心のスター型。ロイヤル・アルバート・ホールという、日本でいえば日本武道館のような大きな会場を三日間満員にしたこともあります。

超多忙な彼女は、エリック・クラプトンと同じエージェントに属していました。私は体当たりとばかり、そこに電話をして彼女への面会を申し込みました。意外にも許可が下りて、ある日私は彼女の家を訪ねて行ったのです。

その日一日、ドリスには霊媒としてのあり方についてたくさんのことを学ばせてい

(左上) サイキック・ポートレート (霊能力によって相手にゆかりのある霊の肖像を描く) の名手、コラル・ポルジ氏 (右) が、著者の母親の若い頃の顔を見事に描き出した
(右上) イギリスに通い始めた当初から親身になって数々の助言を与えてくれたSAGB副会長 (当時) テリー・ゴードン氏、フランシス夫人と
(下) ロンドンへは何度も足を運び、各種セミナーに出て心霊科学を学んだ

ただきました。すっかりイギリスに惚れ込んでいた私は、最後に彼女に「イギリスに住みたい」と言いました。しかし返事はこうでした。「私がイギリスでしてきたように、あなたは日本のパイオニアにならなくてはだめ。何があっても負けずに、日本で霊的知識の普及に努めていきなさい」

私は今でも、イギリスで数々のすばらしい霊媒に会えたことに感謝しています。私の人生は、ほんとうに人との出会い、特に師との出会いに恵まれているのです。T先生、S先生をはじめ、修行をした寺でも、K神社でも、そしてイギリスへ行っても、つねに大変すばらしい師に出会い、かわいがられ、育てていただきました。

イギリスの霊媒は、どんなに名を成している人でも、ちっとも偉ぶったところがありませんでした。神秘的に装うこともなく、どこにでもいるおじさん、おばさんといった自然体で、霊能力を技術として世の中に生かしているのでした。

そんな霊媒の一人として思い出すのは、SAGBの廊下で出会った男性です。彼は廊下で壁にペンキを塗っていました。私が通り過ぎようとしたとき、「あんたはすばらしいオーラを持っている。霊媒だね？」と声をかけてきました。驚いて「なぜわかったんですか」と問うと、「ぼくはペンキ塗りの仕事もしているけど、霊媒でもあるからさ。今日はボランティアで壁を塗りに来ているんだ」と言うのでした。

それほどごく自然にスピリチュアリズムが浸透しているイギリスに、私はここ数年足を運んでいません。学ぶべきことはもう学んだと思うからです。私に影響を与えた優秀な霊媒たちが、ドリスを除いてはみな他界してしまったせいでもあります。

そしてもう一つ、実は私がイギリスに関して危惧していることがあります。スピリチュアリズムが非常に浸透したのはいいのですが、一般に受け容れられすぎて、逆に真髄の部分が語られなくなってしまった印象があるのです。保険が利くようになったこともあってか、ヒーリング連盟も「たましい」という言葉を使わなくなりました。代わりに宇宙の力、自然治癒力といった、より漠然とした言葉に置き換えられています。それがとても残念でならないのです。

私は今、これからは日本がスピリチュアリズムの中心になっていくだろうと思っています。だからこそ、執筆に講演にと、精力的に活動を続けているのです。

「この世」と「あの世」がある理由

これからは日本でも、霊能者を技術職とみる視点が絶対に必要だと思います。日本人には霊能者を聖職者だと思っているふしがあり、また霊能者もそう思わせているふしがあります。だから「いかがわしい」と思う否定派がいたり、逆に、いかさま霊能者を妄信してお金を巻き上げられるような人が出て来たりするのです。

このような日本の現状では、霊的世界への否定派もいてちょうどいいのだという思いが私の中にあります。確かに私はスピリチュアルな知識の普及に努めてはいますが、すべての人が今すぐ理解することが大事かというと、そうは思わないのです。

第一それは無理です。イエスが十字架にかけられてから二千余年、世の中はどう変わったというのでしょう。文明は発達しても、人間の心は大して変わっていないのではないでしょうか。それほど霊性の向上とは遅々たる歩みなのです。もちろん私たちは霊性向上を目指してこの世に生まれています。いつかやがて、すべてのたましいが神と一体になる境地を目指してはいる。でもそれははるかに先のことでしょう。

ただ、ホスピスでのデス・エデュケーション（死の教育）のような場面では、今すぐにも正しい霊的視点が生かされる必要があるでしょう。けれども普通に生きている人たちが霊的世界を間違って妄信し出したら、現世は必ずおかしな方向へ行ってしまいます。それは新聞をにぎわす新興宗教団体を見ていればよくわかります。

音楽大学で声楽を学んだのは三十代半ば。写真
は平成十四年秋に開いたコンサートの模様

ですから、霊的なものを疑問視する人たちも、ブレーキとして必要だと思っているのです。同じ否定派でも、やみくもに否定するだけの人は問題外として、自分なりの理屈をもって否定している人たちについては、私は大歓迎です。

このようなことを私が冷静に書くと意外に思うかもしれません。けれど、第一部に書いたように、私もかつては霊的世界になど特に興味のない、ごく普通の少年でした。二十人もの霊能者に会い、不信感で心底うんざりした経験もあります。そのうえで、みずからの人生経験と理屈を重ねたところで考え抜き、霊的真理こそが究極だという思いに達したのです。ですから自分なりの理屈で考えている人には、たとえ否定派であっても、どこかでかつての私を見るような同志の意識を持てるのです。

それに、霊的なことを信じない、または関心を持たない人にも、たましいの高い人はたくさんいます。霊的知識があることと、たましいの成熟とは無関係なのです。むしろ苦手なのは、霊的世界を無条件に肯定して現実逃避に走ってしまう人。現実の人生から目を逸《そ》らしてまで霊的なことばかり考えている人のほうが、かえって質《たち》が悪いと思います。

霊的真理は、あの世すなわち霊的世界こそがほんとうの世界だとしています。しかし、かといってあの世のことばかり考えながら、この世を生きていてはいけないのです。この世があの世とは別に存在しているのは、それなりの意味と役割があってのこと。この世には、あの世では絶対に学べないことがあるのです。

あの世は非物質界ですから、この世にあるお金も、仕事も、学校も、病気もありません。当然それに伴《ともな》う苦労もありません。

ところが物質界であるこの世には、お金も、仕事も、学校も、病気もあり、これらに人はことごとくつまずき、失敗したりします。しかし人間というものは、無意識にであっても成長を目指している尊《とうと》い存在です。決してそのままでは終わらず、つまずきから大切なことを学び取り、立ち上がるのです。そしてその分、真の強さと輝きを手に入れます。

たとえてみれば、この世はたましいを鍛《きた》えるためのジム。人生の諸問題はトレーニング・マシーンであり、たましいを鍛えるために必要な負荷なのです。その負荷から逃げて、つつがない人生ばかりを望むのは矛盾《むじゅん》しています。

もし何か問題にぶつかったら、「このマシーンは私の何を鍛えてくれるのかな」、「重いダンベルだけど、私の弱いところを鍛えるチャンスだな」と、むしろ歓迎するぐらいの気持ちを持ちたいもの。人生の中で起こってくる問題というのは、必ずといっていいほど、自分の弱点を突いてきます。弱点に気づかせ、改めるチャンスをくれているのですから、感謝するべきものなのです。

私たちのたましいの真実、すなわち霊的真理を理解すれば、人生観は必ず変わります。霊的真理は、現世の苦しみの中で自分を見失いかけたときに立ち返るべき原点です。ここに返れば、すべての悩みごとの真の意味が見えてきます。

その具体例が本書の「人生相談」であり、霊的真理に基づいたものごとの考え方が、本書にたびたび出てくる「スピリチュアルな視点」なのです。

「霊的真理」は人生のルール

その霊的真理を八つの法則にまとめたものをご紹介しましょう。

これらが真に理解できれば、自分が生まれてきた意味、今ある現実の意味がわかります。問題が起きても、そこに込められたメッセージがわかり、対処していけます。マイナスと思える経験からも学び取り、成長していくことができます。

八つの法則の一つめが「霊魂《スピリット》の法則」です。

これは、私たちは霊的な存在であり、そのたましいは永遠だという法則で、すべての法則の大前提となります。

私たちのたましいは霊的世界からこの世に来て、肉体という物質にこもり、死と同時に肉体を離れてまた霊的世界へ帰っていきます。霊的視点で見ると、人生はほんの短い旅のようなもの。霊的世界こそがほんとうの「生」の世界です。

この法則を知ると、死に対する恐怖と、死別の悲しみが和らぎます。亡くなった人は今も霊的世界にいて、無になってしまったわけではないのです。死は永遠の別れではなく、あの世に帰ったときには必ず再会できるのです。

また、人生は不幸であるという思いもなくなります。私たちが現世の視点で思う不幸とは、物質的価値観から生じています。しかし、たましいの視点から見れば、すべての経験が、たましいの学びと成長の糧《かて》であり、喜びなのです。ほんとうの幸せとは、たましいの視点で考えなければ得られないものなのです。

二つめの法則は「階層《ステージ》の法則」です。

霊的世界は、たましいの成長度により階層別に分かれています。

私たちはこの世の人生を終え、死を迎えたのち、たましいの成長のレベルに応じた階層へ行くことになります。これが階層の法則です。

すべてのたましいは神の境地を目指して、今の階層から一つでも上へ成長しようとしています。私たちがこの世に生まれてきたのも、成長への意欲の表れです。

この世にはさまざまな成長度の人が混在しています。たましいの成長度を私は「たましいの年齢」と表現します。これは肉体の年齢とは無関係。今までにどれだけたましいの経験を積み、成長してきたかで決まります。「大人のたましい」を持つ子どももいれば、「子どものたましい」、「赤ん坊のたましい」のお年寄りもいます。子どもよりも親のたましいのほうが幼いという場合も往々にしてあるものです。

三つめの法則は「波長の法則」です。

波長とは、想念のエネルギーのこと。前向きで愛に満ちた明るい心ならば波長は高く、否定的で暗い心ならば、波長は低い状態です。

「波長の法則」とは、自分の心のあり方が、同じ波長を持った人や出来事との出会いを招いているということ。平たく言えば「類は友を呼ぶ」ことを表しています。

四つめの法則は「守護《ガーディアン・スピリット》」の法則」です。

私たちは誰一人例外なく、守護霊という存在に見守られているという法則です。

守護霊は決して私たちを甘やかしてくれる存在ではありません。私たちのためになることなら試練も与える、現世の親以上に厳しい存在です。しかしその厳しさの裏には、つねに私たちの成長を願う大きな愛があるのです。

五つめの法則は「類魂《グループ・ソウル》の法則」です。

私たちはそれぞれに類魂というたましいのふるさとを持っているという法則です。守護霊も、いわゆる前世、来世のたましいも、みずからの類魂の仲間です。

しかし究極は、すべてのたましいが類魂です。類魂同士の遠近はありますが、すべて境目なくつながっており、神という一つのまとまりの中にあるのです。

六つめは「因果《カルマ》の法則」です。

「みずから蒔《ま》いた種はみずから刈り取る」という法則です。

因果という語感は恐ろしいけれど、これはとてもありがたい法則です。自分の過《あやま》ちが寸分違《たが》わず自分に返ってくるということは、反省と挽回の機会が必ず与えられるという保証だからです。私たちを成長させてくれる愛に満ちた法則なので、私はこれを「成長の法則」、「愛の法則」とも呼んでいます。

また、良き種を蒔けば必ず良き収穫ができることを保証してもいます。たとえば、あなたが人を思いやり大切にすれば、あなたにも思いやりが返ってくるということです。純粋な動機による良い行いは、必ず何らかのかたちで返ってくるのです。

七つめの法則は「運命の法則」です。

人生の要素には、変えることのできない「宿命」と、現在の自分が作っていく「運命」があることを表す法則です。「宿命」とは、生まれた時代、国、性別、家族、肉体などで、これらを変えることはできません。たとえ不満があっても、それは自らがたましいの学びのために、生まれる前に決めてきたことです。その意味を見つめ、宿命を受け容れていくことが、幸せになるための必須条件です。

「宿命」を前提として受け容れたうえで、自分で作っていくのが「運命」です。「波長の法則」と「因果の法則」が示すように、私たちの毎日はみずからのあり方しだいで内容が決まります。それが運命です。「運命」は自分で作り上げていかなければ、生まれてきた意味がありません。よく占いなどでいわれるように「運命は決められているもの」ではないのです。私たちには自分の人生を作っていける「自由意志」という宝が与えられているのです。

すべての法則のまとめとなる八つめの法則は、「幸福の法則」です。

すべての法則は私たちが真の幸福を手に入れられるように働いていることを表す法則です。ここでいう幸福は、お金や美貌や名誉を得るといった物質的な幸せを意味していません。苦難をも含め、何があっても幸せだと理解できる心を持つことこそが「真の幸福」です。

八つの中で、とりわけ私が「現世の二大法則」と呼んでいるのが「波長の法則」と「因果の法則」です。この二つの法則は、私たちをこれでもか、これでもかと鍛え、より高いたましいに成長させてくれているのです。

この世は平等

かつては「世の中はなぜ不公平なのか」と悩んだ私ですが、霊的真理という限りなく大きな視野を得た今では、この世はすべて「平等」だと断言できます。

「でも、何もかも恵まれた人だっていますよ」と、あなたは思うかもしれません。もし幸せずくめに見える人がいるとしたら、二通りの理由が考えられます。

一つは、その人が「階層の法則」に書いた「赤ん坊のたましい」の場合です。何回もこの世に生まれて経験を積んだたましいに比べて、初めてこの世に生まれたというようなたましいの幼い人は、現世では恵まれた生活をするものなのです。十分に鍛えられていないたましいの持ち主には、まだ大きな試練を乗り越える力はないからです。

その「赤ん坊」も、何度も転生をくり返しながらたましいの経験を積み重ねるうちに、より過酷な人生にも挑むようになるので、大きな視点で見れば平等なのです。

もう一つは、その人が実は裏で大変な苦労をしている場合です。人は表面では測れません。表面だけ見て羨ましいと思うのは、やはり幼いたましいのすることです。

また、幼いうちに亡くなったり、気の毒な亡くなり方をする人を見て「これでも不平等はないといえますか」と反論する人がいるかもしれません。

人間の本質がたましいでなければ、もちろんその人は不幸でしょう。しかし「霊魂の法則」にあるように、この世はほんの短い期間、滞在しているだけの旅先です。死とは、この物質界での筋力トレーニングを修了することなのです。あの世の人たちは、修了してきた人たちを、「ご苦労さま」と大喜びで迎えるそうです。長生きを幸せだと思うのも一つの物質主義的価値観にすぎません。どれだけ長く生きるかではなく、どれだけ充実して生き、どれだけ大きな課題を遂げるかが大切なのです。

真の幸せを手に入れるカギは「叡智」

本書は『婦人公論』で現在も連載中の「江原啓之のスピリチュアル講座」をまとめたものです。

連載が始まって以来、私は読者がいったいどんな反応を示すだろうかと、固唾《かたず》を呑む思いで見ていました。なぜならそれまでの私の読者は二、三〇代の女性が中心で、幅広い世代に読まれている『婦人公論』の読者には、私を知らない人も多いだろうからです。いきなり始まった霊能者の連載に、「誰、この人？」と思ったり、「霊視？カルマ？」など、耳慣れない用語にとまどった人はさぞ多かったでしょう。

けれども今は、ありがたいことに、反響のお手紙が跡を絶たない状態です。「今では夫や家族も愛読している」というお手紙までいただきます。

このように支持していただいているのは、私の回答の基底にある霊的真理が、深くうなずけるものだからではないかと思います。霊能者の連載だからといって、「こうすれば祟《たた》りは消える」といった、まじないじみた手法の類《たぐい》は一言も書いていませんし、「塩を盛れば大丈夫」といった裏技めいたことも書いていません。

確かに相談者を「霊視」をする点は私ならではのことでしょう。「霊視」によって本人が知らないこと、またはお手紙に書かれていないことを視《み》て、回答に役立てています。しかし霊能力の出番はそれだけです。霊視から導き出す回答も、「あなたの心のこの部分を改めて乗り切りなさい」という、ごく現実的な励ましばかりです。「波長の法則」、「因果の法則」も、要は「類を友を呼ぶ」、「蒔いた種は自分で刈り取る」という、誰もが素直に納得できる人生の真っ当な智恵です。だから誰が読んでも「腑《ふ》に落ちる」のでしょう。しかも、私の「真っ当」は霊的真理という定義つきの「真っ当」です。定義もなくただ「人に親切にしましょう」、「自殺はいけません」と書いたところで人の心は動かせません。霊的真理の裏づけにこそ、霊的存在である人間は、たましいを揺さぶられるのです。

しかしそれにしても、この連載が十年前だったら、これほどは受け容れられなかっただろうと思います。バブル崩壊から十年、明らかに日本人の意識は変わりました。物質主義的価値観が見事に裏切られ、みんながより究極の真理を求めるようになってきています。霊的視点で見ると、バブル崩壊は喜ばしいことなのです。

日本人はもともと物質主義的価値観が強かったわけではありません。戦前はまだ精神主義的価値観が基本にありました。定義は曖昧であっても、見えないものへの畏敬の念があったし、大きな力に生かされているという感謝の念もありました。もちろん間違いがなかったわけではありません。だからこそ戦争に突入したのです。

その戦争が終結したあたりから、世の中がしだいに物質主義的価値観に染まっていきました。特に昭和三十年代以降は、洗濯機だ、冷蔵庫だと、モノを得ることが幸せと考えられるようになりました。モノを得るには高収入が必要、高収入には高学歴が必要ということで、出世競争、受験戦争も激化しました。モノ、お金、地位、学歴。これら目に見えることが幸せのバロメーターとなり、他人と自分を比べて一喜一憂《いっきいちゆう》する風潮も蔓延《まんえん》していきました。

しかし、バブル崩壊を待つまでもなく、敏感な人はその前から感じていたはずです。「これで幸せといえるのだろうか」と。

モノは人に永遠の幸せをもたらさないのです。その証拠に、数十年前に買った冷蔵庫、洗濯機、カラーテレビを持っている人はどれだけいるでしょうか。モノは壊れます。一つ得てもう一つほしくなります。新しい型が発売されれば、古い型を持っていることがみじめに思えます。きりがないのです。

そこへバブル崩壊。信じられてきた物質主義的価値観が音を立てて崩れていきました。エリート街道まっしぐらに生きてきた人も容赦なくリストラされる時代です。精神主義的価値観を持った人なら、たとえリストラされても立ち直って次の局面に踏み出せます。ところが物質主義的価値観で生きてきた人が多いから、今の時代、なかなか立ち直れない人も多いのです。

夫のリストラが原因の離婚も増えています。リストラから離婚という結果が出るのは、夫婦がそれまで物質の絆《きずな》で結ばれていたことの証《あかし》です。

モノも地位も学歴も、すべては物質。ほんとうの幸せとは何ら関係ありません。その事実を知り、物質に頼らないたましいの強さを得るために、今こそ日本人は大いに苦悩し、ほんとうの幸せを考え直す時期だと思っています。

真に幸せになるには、霊的真理、すなわち叡智を得ることが不可欠です。無智ではいつまでも出口のない迷路にはまったままです。

叡智は頭だけでは得られません。自分自身で「経験」を積むことが絶対に必要です。『婦人公論』誌上相談室には、その「経験」を重ねる中でつまずいた人たちが次々と訪れます。物質主義的価値観に浸《つ》かった人もいます。たましいの幼い人もいます。ときには私も、相談者のたましいの目覚めを願う愛ゆえに、敢えて「ちゃぶ台をひっくり返す親父」役を買って、厳しい言葉を投げかけます。しかしそれも、すべての人が、無意識では懸命にたましいの成長を果たそうとしている「落ちこぼれの天使」だとわかっているからこそです。

ではそろそろ一人めの方、どうぞお入りください。

スピリチュアル人生相談室

なぜ、私は幸せになれないの？

現代人は多くのストレスを抱えて生きています。まるで得体の知れない濁流《だくりゅう》に呑まれ、押し流されるようにして、毎日を生きているのです。

ひと昔前に比べ、確かに生活は便利になりました。コンビニエンスストアもあれば、インターネットもある。深夜バスもあればバイク便もある。どこもかしこも不夜城のようになったおかげで、より多くの仕事ができるようになり、より多くの情報が手に入るようになりました。

女性たちも、ずっと自由になりました。ＯＬ時代は海外旅行でバカンスを満喫。「三高」の男性をつかまえて結婚し、ブランドものを買い溜めするリッチな生活。そんな、ひところのトレンディ・ドラマに出てきたような暮らしをする女性も、実際少なくないのです。

けれどそれらのことが、果たして「幸せ」をもたらしているでしょうか。もしかしたら、失ったもののほうが大きいのではないでしょうか。

私が子どものころ、世のお父さんたちは夕方に帰宅したものでした。それから家族そろって夕飯を食べ、八時といえば完全に夜だったものです。

ところが今は違います。深夜バスがあるから残業できる。その残業代でほしかったモノが買える。モノを買えばもっと新しいモノが発売されて、もっともっとほしくなる。気がつけば、家族とすごす時間などなくなり、あげくの果てに家庭崩壊――。

これは極端なパターンかもしれませんが、「便利さが、かえって不自由をもたらしている」という実感は、多かれ少なかれ誰の心にもあると思います。物質的な豊かさに浮かされて、知らないうちに自分で自分の首を絞めてきたのが、ここ数十年の私たちなのです。

さらに問題に思うのは、どれほどストレスや不満が高じていても、現代人はそんな自分を見つめ直すゆとりすら、なくしていることです。静寂の中で自分をふり返る、「内観」の時間が持てないのです。持てるとしたら、リストラされたり、病気で寝込んだりしたとき。ずいぶんと皮肉な話ですね。

押し流されながらも、みんなが感じている、漠然とした不安、不満。自分が何者かもわからない空虚感。人と一緒にいても癒《い》えない孤独感。

私たちの奥深くにあるスピリチュアルな部分が、悲鳴をあげています。「これではまずいよ」と、たましいがＳＯＳを出しています。

ある女性からお手紙が届きました。一流大学を出て秘書をしていたという、とても知的で有能な女性のようです。

彼女は会社内の醜《みにく》い派閥争いに辟易《へきえき》して、あるとき、結婚退職をしました。やがて出産。そのころから、将来への不安を感じ始めたといいます。

「こんないやな世の中で生きていかなければならない子どもの将来を考えると、暗い気持ちになります。私自身、何を信じて生きたらいいのか、わかりません。幸せって何でしょう。私には生きている実感すら感じられないのです」

とりたてて具体的な問題を抱えてもいないのに、心の中は無力感と空虚感でいっぱいのようです。はたからは、知的なキャリアをもち、夫も子どももいて、「幸せ」そのものに思われがちなこの女性もまた、漠然とした不安を抱えている現代人の一人なのです。今の世の中に蔓延している空気の重さを、このお手紙によって、また実感させられました。

そもそも「幸せ」って何ですか。「私は今幸せ」という人は、今このとき、何かが幸せなのでしょう。「不幸です」という人は、今このとき、何かに悩んでいるのでしょう。どちらにしても一時的なもの。「永遠の幸せ」ではありません。

では、私たちはなぜ生きているのでしょう。「正しい生き方」って、いったい何なのでしょう。

私のところへ来る相談者たちは、よくこう言います。「私は真面目にやってきたのに」、「正しく生きてきたのに」と。

「どういう生き方が真面目なんですか」と聞くと、「人に迷惑をかけないこと」などと答えます。そして、さらに「なぜ人に迷惑をかけちゃいけないの」と聞くと、「……いけないからいけない」と投げやりに答えておしまいです。

みなさんならどう答えますか。「法律にしたがって生きること」と言うなら、法律は国によって違います。「宗教の教えにそって生きること」と言うなら、宗教ごとに違う神さまがいます。

この世の人は、ただの曖昧《あいまい》な言葉だけに酔って生きているのです。

子どものころから、私はそのことを実感していました。

私は四歳で父親を、十五歳で母親を亡くしました。まわりの大人たちは、気の毒がって口々に慰《なぐさ》めてくれたものです。「真面目に生きていれば、いいことがあるよ」、「正しく生きれば、報《むく》われるよ」、「世の中には、もっとかわいそうな人がたくさんいるんだから」

いやというほど聞かされたこうした言葉を、私は素直には聞けませんでした。「真面目、正しいって何?」、「報われるって誰に?」、「世の中で一番かわいそうな人を、どう慰めたらいいの?」。

そんな疑問、疑問、疑問の中で、「世の大人は、きれいな言葉を使っているけど、その意味は本人もよくわかっていないんだなあ」と痛感したものです。

私の人生がスピリチュアリズムに向かう大きなきっかけとなったのは、こうした経験から来る思いでした。確かに私は、幼いときから霊能を持っていましたが、だからスピリチュアリズムに向かったかというと、まるで違います。生きることや世の中への疑問や不満を解きほぐし、心の奥深くから納得できるような真理を求めていたのです。

その後、だんだんにスピリチュアルな真理を学び取ることにより、今まで抱えてきた謎の一つひとつが解けていきました。人はなぜ生まれ、死んだあとにどこへ行くのか。世の中には、なんのために苦しみや悲しみがあるのか。

スピリチュアリズムを、単に心霊現象だけを追究するものと思っている人もいますが、それは大きな誤解です。スピリチュアリズムは、この物質界がすべてではなく、スピリチュアルな世界があるということを解き明かしながら、ほんとうの生き方、ほんとうの幸せを教えてくれるものなのです。

ほんとうの生き方、ほんとうの幸せがわかるようになれば、漠然とした不安もなくなり、孤独感も消え、どんな問題にも前に向かっていけるようになります。裏を返せば、これらのことがわかっていないから、漠然と不安や孤独を感じ、問題につまずき、濁流に流されるように毎日を生きてしまうのです。

これは、私が十五年間スピリチュアル・カウンセラーとして、多くの人のカウンセリングをしてきた中での実感として言えることです。

昔、ドイツの哲学者のカントが「死後の世界がなければ、この世の正義はありえない」と言いました。

まさにそうなのです。スピリチュアルな世界がないとすれば、現世はあまりにも理不尽で不公平なことばかり。だからスピリチュアルな視点が、生きるうえでとても大切なのです。すべてに偶然はなく、意味があることがわかってくるからです。

読者の方たちも、日々さまざまな問題にぶつかりながら生きていらっしゃることでしょう。次からは、より具体的なケースをもとに、さまざまなテーマにふれていきます。

スピリチュアルな存在である私たちが、この世に今こうして生きている意味を、ともに考えていきましょう。

なぜ、子どもは親の思うとおりに育たないのか？

日々のカウンセリングで多いのは、なんといっても家族にまつわる相談です。親子のこと、夫婦のこと、兄弟姉妹のこと——。家族の問題で、人はこれほどまでに悩むのかと思うほどです。恋愛、対人関係といったほかの相談でも、その原因には必ずといっていいほど家族にまつわるトラウマが隠れています。

こんなお手紙をいただきました。地方の大病院の院長夫人という方からです。

この奥さんは会社社長のお嬢さんとして育ち、医者である今のご主人と結婚しました。親戚じゅうが医者という家系なので、男の子の跡継ぎを産むことは半ば当然のような空気があったのでしょう。そうしたなかで幸いにも一人息子を授かり、医者にならせるべく大事に大事に育てました。

ところが進路を決める年齢になっても、この息子さんにはちっとも医者になる気がありません。どんなに医学の勉強に向かわせようとしても、関心のあることといえば、音楽、ファッション。将来はミュージシャンになると言ってはばからないのです。

ご主人は忙しいのをいいことに教育をすべて母親まかせにしていました。そのくせ何かにつけて、「こんなおかしな息子が生まれたのは、嫁であるおまえのせいだ」と言い出す始末。

その悔しさもあって、奥さんは何がなんでも息子を医大に入れようと必死になりました。そしてなんとか、東京の私立医大に入学させることができました。

けれども息子さんは相変わらずです。勉強どころか、親元を離れた解放感で、よけいに遊び回るようになりました。試験の日さえ大学に行かず、髪を染め、バンド活動に明け暮れる毎日。当然ながら単位はそろわず、一年生だけで三年もかかりました。その後もさらに留年し続け、今では歳も三十近くになっているとのことです。

奥さんは今、六十代。息子さんを医者にしたい一心で、かれこれ十年も心労が絶えずにいることになります。実にお気の毒な話です。

「家のしがらみ」とよく言ったりしますが、それにしてもこうした家制度、世襲制からくる問題は、医者に限らなくても、日本にはかなり多いのではないかと思います。

もちろん同じ病院経営者でも、「息子には継がせる気はない。自分が苦労したから、息子には自由に生きてほしい」と決めている方も山ほどいらっしゃいます。ところがこのご主人は、陽気であまり苦労を知らずに育ち、医者にもたいした努力なしになれたので、「勉強すれば誰でもできて当たり前。できないのは努力しないから」という単純な考えでいるのです。

前にもこんなケースがありました。やはり地方で病院を経営されている家の話です。この家のご夫婦は、何十年もともに苦労を重ね、とうとう立派な個人病院をつくりました。その胸の内には、相続争いで追い出された本家を見返したい気持ちもあったといいます。

子どもは娘さんが一人。その娘を医学部に入れたまではよかったのですが、医者になるのはもともと本人の意志ではなかったので、中退してしまいました。娘さんは東京に残ったまま、それきり実家には一度も帰ってきません。手紙を出しても、アパートにお金を届けても、まったく無視の一点張り。このご夫婦は真新しい立派な病院を見上げて、ただ茫然としているというのです。

この二つのケースを見て思うのは、どちらも子どものほんとうの適性になどまったく目を向けず、人間としての良いところさえあまり尊重せずに育ててきてしまったのではないか、ということです。

血を分けた親子といえども、お互いもとは別々のたましいであることを考えると、「医者の子だから、病院のうちに生まれたから、医者になって当然だ」というのは絶対におかしいのです。自分のエゴでしかものを見ていないのです。

親と子は必ずしも同じ適性を持ってはいません。その家にたまたま合った子どもが生まれてくればいいけれど、そうはいかないことのほうが、圧倒的に多いのです。そうした「ままならない」状況の中でこそ、親も子も悩みながらともに成長していけるのが、家族なのだと思います。

先ほどのお手紙の方の息子さんは、世間的な枠組みで見れば、「ばか息子」、「親不孝者」となるのでしょう。けれども私が霊視したところ、ものすごく純粋なたましいの持ち主だとわかりました。

なるほど、絶対に医者になりたくないという気持ちは、頑として変わっていないようです。半ば意識的に悪い息子を演じながら、内心は、親があきらめるのを待っている様子なのです。

もともと頭もよく、裕福な家で大事に育てられたものの、その反動もあってか、「貧乏してでも、東京で自分なりの生き方をしたい」という気持ちを強く持っています。

また、ずいぶん母親思いでもあるようです。それだけに、大好きな母親が父親に苦労させられているのを見て、よけい病院を継ぐのがいやになったのでしょう。

スピリチュアルな視点で見ると、この息子さんは、この家にとって大きな「貢献者」だといえます。もちろん本人に自覚はないでしょうけれど、この家を成長させるため、そして親にさまざまなことを気づかせるために生まれてきたような息子さんなのです。

もしもこのご両親が、息子さんとの長年のせめぎ合いの中で、たった一度でも「確かに医者になるだけがすべてではないな」、「家の伝統を押しつけるのも考えものかもしれないな」と思えたとしたら、息子さんのたましいはきちんとこの家に貢献できたことになるのです。

ご両親はさぞかし無念だと思いますが、息子さん自身に医者になるつもりがまったくないのですから、三十近い大人にこれ以上無理強いをし続けるのはいかがなものでしょう。病院の経営だけを息子さんに継いでもらうという手もあるでしょうし、いっそ親戚に譲ってしまってもいいのです。

大病院の院長としては、プライドが許さないかもしれません。でも、プライドが私たちを豊かにしてくれるでしょうか。この家の場合なら、プライドや世間体ゆえに、息子さんのもって生まれた輝きを封じ込め、夫婦仲までも悪くしてしまったのではないでしょうか。

それよりも、ほんとうの幸せとはいったい何なのかを見つめ直したほうが、よほど心豊かになれるのです。

ものごとは欲深く求めれば求めるほどきりがないもの。けれども上ばかり見ていたら、足元のありがたさに気づくことはできません。

このご両親に必要なのは、まず何より、息子さんが「いる」ということへの感謝です。たとえ思い通りにならない息子さんでも、もし死んでしまったら、あるいは生まれてきてもいなかったら――。そう想像すれば、医大に通わせようと苦労したことすら懐《なつ》かしく輝かしい思い出に感じられてくるのではないでしょうか。

「国破れて山河あり」と言いますが、なにが幸せかは、失って初めて気づくことが多いものです。私たちの人生にとって家族とは、その「山河」にあたる大切な一つだと思うのです。

私たちは日々さまざまな問題にぶち当たり、それを乗り越えながら、みずからのたましいを鍛えています。そうしたスピリチュアルな視点で見れば、どんなに深刻な家族問題でも、「たましいのエクササイズ」にすぎません。

このお手紙の方の家は、たましいのエクササイズのための最強マシーンを備えたスポーツジムですね。いい勉強をしているな、いいエクササイズをしているな、と感じます。これを乗り切れたら大したものだな、とも思っています。

親と子は、すれ違うもの？

東京に住むある若い女性から、お手紙をいただきました。数年前に離婚し、一人で子どもを育てているというシングル・マザーです。けれどもご相談の内容は今の苦労ではなく、自分自身の子ども時代のトラウマについてでした。

小さいころから母親に虐待を受けていた。なぐる、蹴るの暴力もあれば、ひどい言葉による暴力もあった。その苦しみが、今でもトラウマになっている。そしてその母親は、今から七年前に亡くなった——とありました。

霊視を始めたところ、さっそくあなたのお母さんが出てきました。「私が悪かった。確かに叩いたりはしたけれど、虐待のつもりなどなかった。許してほしい」と、あなたにしきりに謝っています。大人になった今も苦しみを忘れられない娘と、誤解だと真剣に謝る母。私は複雑な気持ちになりました。

「なぜ親子というものは、こうまですれ違ってしまうのだろう」と。

誰にとっても「親」は、良くも悪くも大きな存在です。

私が日頃受けている相談のなかでも、親子に関するものは圧倒的に多いといっていいでしょう。たとえ恋愛や夫婦関係、対人関係などの悩みであっても、その原因には必ずといっていいほど親子間のトラウマが隠れているのです。

なかでもあなたのように、母と娘の問題が目立つように思います。五十代になっても母親に対するトラウマで人間不信から抜けられない女性もいれば、母親から受けた虐待の傷が癒えず、気がつけば自分もわが子を虐待していた、という女性もいます。

驚くほど多くの人が「どうして自分はこんな親のもとに生まれたんだろう」という思いを抱えて生きています。親への反発から、親とは正反対の生き方を選ぶ人も少なくありません。その一方で私たちには、あたたかい親子愛を求める気持ちも大きいのです。テレビ番組などでも、親子の心温まるエピソードや、涙の再会悲話といったテーマは、けっこう受けているようです。悩まされ、苦しめられても、親子はやはり親子なのです。

思うに、親は子、子は親に、求める理想が高いからこそ、苦しむのではないでしょうか。

相手に求めるものが大きいのは、裏を返せば依存心であるともいえます。一方が相手に依存するから、相手も何かを押しつけてくる。それでお互いに不満になるという、終わりのない悪循環に陥《おちい》っているのがこの世の多くの親子なのです。

親に不満や恨みを持つ相談者が来ると、私は必ずその人の親の人生を霊視します。子どもの知らない親の歴史を伝えてさしあげるためです。父や母という見方をいっとき離れて、一人の人間としての親の歴史を聞くと、どの相談者もはじめはとても動揺します。けれどもやがて、すべてが腑に落ちて、すうっと気が楽になるようです。「だから父は、そういう考え方だったんだ」、「だから母は、私に対してあんなふうにふるまっていたんだ」などとわかっただけで、それまでの親に対する思いががらっと変わります。そして「私が憎かったわけではなかったんだ」と知ることで、自分と親との関係も冷静に見つめられるようになるのです。

あなたのお母さんについても、その歴史を霊視してみました。すると視《み》えてきたのは、あなたがまだ幼い子どもだったころに、お母さんがお姑《しゅうとめ》さんに、ひどくつらく当たられていた様子でした。息子を溺愛するあまり、何につけても嫁が悪い、嫁が我《が》慢《まん》すべきだ、と押しつけるようなお姑さんでした。

さらに悪いことに、お父さんは重度のマザコンで、お母さんにまったく味方してくれなかったようです。お母さんは孤独でした。そのなかで唯一の希望が、一人娘のあなたでした。

ところが無邪気な子どもには、大人の事情などわかりません。母親の気も知らず「おばあちゃん大好き」と言っては、お姑さんにばかりなつきます。お姑さんも、嫁と違って血のつながりがある孫のことは手放しにかわいがるのです。

お母さんはますますひとりぼっちです。愛するものが自分を離れて、自分を苦しめている人のほうへ行くのですから、どんなにつらかったでしょう。自分が何のために子どもを育てているのか、何のために姑のいじめや孤独に耐えてがんばっているのかもわからない毎日。そのやり場のない寂しさや苦しさが、愛しているはずの娘に向かい、暴力へとつながってしまったのです。

幼かったあなたは、ますますお母さんに心を閉ざしていきました。そして、自分にやさしいおばあちゃんが、お母さんには厳しいことなど想像もできないまま成長し、大人になっても、母が亡くなった今でも、母を許せないままでいるのです。

家族とは、とてもあたたかくてすばらしいもの。けれども「親だから、子だから」という枠組みにとらわれて相手に期待しすぎると、それが裏切られたときに、「親のくせに、子のくせに」という憎しみに変わりかねません。この二つはつねにコインの表と裏です。親子関係ほど「愛憎」という言葉にぴったりなものは、ないのではないでしょうか。

私はよく、親子の問題に悩む相談者に、心が軽くなる二つのスピリチュアルな真理をお話しししています。

一つは「子どものほうが親を選んで生まれる」ということです。

子どもというものは、よく親に向かって「誰が産んでくれと言った」などと憎まれ口を叩きますね。けれどもスピリチュアルな視点で見ればまったく逆で、子どものほうが親を選んで生まれてきています。ですから親のほうはもっと自信を持って大丈夫ですし、子どもは「この親を選んで生まれた私は、いったいこの人生で何を学ぼうとしているのかな」といった視点を持つ必要があります。

もう一つは、「親も子も、たましいは対等」ということです。

私はいつも、この世の家族を「たましいの学校」にたとえます。

受験生は志望校を決めるときに、自分の学びたい学科がある学校を選びます。それと同じで、私たちは生まれてくる前に「ここは勉強したい内容にぴったりだな」と見込んだ家に生まれます。こうして一つの家に、スピリチュアルな世界では別々の存在だったたましいが、家族として寄り集まります。そして日々さまざまな経験を共有し、ときには衝突しながら、ともに学んでいくのです。

学校にはいろいろな個性の生徒がいるものです。同じ学校にいても、性格や感じていることはバラバラです。家族も同じで、たましいはまったく別々です。親と子は「たましいの学校」の先輩、後輩にすぎません。入学した（この世に生まれた）時期が違うだけで、一人の人間としてはどちらが上でも下でもない、まったく対等な存在なのです。

このようにとらえることで、親子問題に対する見方も、ずっと楽になるのではないでしょうか。どの親も、「親」という生き物ではありません。はじめから「親」なのではなく、子育てを通じてだんだん親になっていく一人の悩める人間です。

あなたにとって、母親の暴力はさぞかし重いトラウマでしょう。でも、自分も母親になった今こそ、お母さんの胸の内をぜひわかってあげていただきたいのです。

今のあなたの年齢にほど近い一人の女性だったお母さんを、許してあげていただきたいと思うのです。

兄弟姉妹はなぜ争うの？

最近は少子化が進み、三人以上の兄弟や姉妹のなかで育つ子どもは珍しくなりました。けれども、私のところへ相談にいらっしゃる三十代以上の方たちには、三人、四人の兄弟姉妹を持つ方もけっこうおられます。

四十代以上ともなると、ご相談の内容にも、そうした兄弟姉妹間のトラブルが増えてきます。現実的な家の相続がからんだ深刻なものも多く、裁判にまで発展するケースもよくあります。

そうしたなかで一番目立つのは、男ばかり三人、あるいは女ばかり三人の、兄弟や姉妹です。三という数はどうもうまくいかないようなのです。

三人姉妹の場合、往々にしてある争いの構図は、「長女」対「次女・三女」もしくは「次女」対「長女・三女」。

今回お手紙をいただいたのも、やはり三人姉妹の次女という、埼玉の四十代の女性でした。

この姉妹のご両親は、ある温泉地で旅館を経営していました。二人が結婚して間もない五十年ほど前、身体の弱い祖父母は早々に引退し、まだ若かったご両親に旅館を継がせました。ご両親は、代替わりの機会に新館も建てるなど、力を合わせてがんばってきました。

三人姉妹はそうした家で生まれ育ちました。いつも仲良く笑いの絶えない姉妹だったそうです。

長女が二十歳を過ぎると、ご両親は当然のように長女にお見合いをさせ、婿《むこ》養子をとらせました。その後、次女と三女は他家に嫁《とつ》いで行きました。

旅館は十年前から、長女夫妻が経営を引き継いでいるとのことです。

トラブルは、姉妹のご両親が相次いで亡くなった数年前から続いています。

長女が、ご両親の遺産はすべて自分たち夫婦のものだと主張しているというのです。

旅館、家、土地、保険金――これらすべて、旅館も継ぎ、両親も最期まで看取《みと》った自分たちのものだ、と。

長女はこの件について、はじめから喧嘩腰でした。そのあまりの剣幕に、次女と三女は圧倒されました。ほとんど反射的に「それはおかしい！」と言い返し、その後の熾烈《しれつ》な争いに至ってしまったというわけです。

「子どものころやさしいお姉ちゃんだった長女が、あんなに意地悪く言い張るなんて」と次女の手紙にありました。

このような相続問題の核心にあるのは、ほとんどの場合、モノやお金ほしさだけではありません。モノやお金ではかれない何かが、確実に潜んでいるのです。

こうしたケースで私が必ず霊視するのは、「どんな親子関係だったか」です。姉妹間のことでも、やはり背景には親子の関係がかかわっているからです。

私はこの長女の視点から、ご両親とのかかわりを霊視してみました。そのときまず強く感じられたのは「子どものころから、いつも長女の私ばかり損をしてきた」という恨みにも似た思いでした。

これは多くの長男、長女が抱く思いのようですが、ご両親の身になれば、ある程度は仕方のないことなのです。

どの家庭の親も、最初の子どもが生まれたころは大変なものです。初めての子育てに日々とまどい、経済的にもまだ豊かではありません。

それがだんだんに落ち着いて、家族の形態ができてきたころ「そろそろもう一人ほしいね」ということになり、二人目が生まれます。そして三人目が生まれるころには、親にもすっかり経済的、精神的な余裕ができています。

この長女が生まれたのは、ご両親がまだ若かったうえに、旅館業を継いで間もないころでした。子どもにとって〇歳から三歳までといえば一番甘えたいさかりなのに、旅館が軌道に乗るまではと、祖父母に預けられていたのです。

次女、三女が生まれたころには、旅館にも人を雇《やと》えるようになり、ご両親みずから子どもの面倒を見る時間も増えていきました。それでも二人が忙しいときは、いつも長女が妹たちの面倒を見るように頼まれたものでした。

親の言いつけどおりのことをしっかりできればほめられ、できなかったら「お姉ちゃんなんだからしっかりね」と叱られる日々。次女、三女はどんなにわがままにふるまってもかわいがられるのに、長女は愛情に飢《う》えたまま「しっかり者のやさしいお姉ちゃん」を演じ続けなければなりませんでした。長女にとって「いい子」を貫《つらぬ》くことは、かわいがられる唯一の条件だったのです。

その後も受験や結婚といった大事な局面で、長女は自分の気持ちよりも「家のため」を優先させてきました。

文学が大好きだったのに大学受験はあきらめ、結婚も好きな人とではなく、親の望むお見合い相手としました。

かたや妹たちは大学にも行き、結婚相手も自由に選ぶことができました。三女にいたっては、アメリカにホームステイまでさせてもらっているのです。

妹たちの無邪気な幸せぶりを見ていて、長女はどんな気持ちだったでしょう。

三、四歳しか離れていない姉妹でも、生まれた順番が先か後かで、これほど生い立ちが違ってくるのです。

長女の目で見たこうした家の歴史を知れば、次女も三女も、姉の気持ちを理解できないことはないと思います。冷静にふり返ってみれば、いつも我慢してきた姉の姿はいくらでも思い出せるはずだからです。もともと仲の良い姉妹ですし、穏《おだ》やかに話し合えばいくらでもわかりあえたのではないかと思います。

ところが長女が最初から喧嘩腰で挑んできたから、次女、三女もカチンときてしまったのです。

どんなことにもいえますが、闘いを持ち出すことで、いいことなど一つもありません。必ず相手からも闘いが返ってきます。どんなときもひとまず客観的になって、相手の立場を理解しようとする気持ちを持つことが大事なのです。

笑顔を向ければ必ず笑顔を向けられる。敵意を向ければ必ず敵意を返される。これは「因果の法則」という、ぜひ心しておきたいスピリチュアルな真理です。

次女、三女の方に、もう一つわかっていただきたいのは、「幸せな人は意地悪をしない」ということです。人は寂しいから意地悪をしたり、だだをこねたりするのです。

人間は「愛の電池」です。人からの愛でフルに充電されていないと、人を愛することはできません。電池のないロボットと同じで、ぎくしゃくしてしまうのです。

思うに、この長女もほんとうはただ愛されたかっただけなのではないでしょうか。

ご本人もその心の奥に気づいていないかもしれませんが、財産がほしいという以上に、やり場のない不公平感と、一人の人間としての寂しさが積もり積もっていたと思うのです。

では長女が愛されなかったかというと、決してそうではありません。

ご両親が、旅館の忙しい時期に授業参観に駆けつけてきてくれたこと。「いつもありがとう」と言って、妹たちに内緒で映画の券をくれたこと。

厳しくされ、期待も負わされてきたけれど、愛された思い出もたくさんあるはずなのです。

その思い出がすぐにも忘れてしまいそうなささやかなものばかりで、たとえ一パーセントの愛にしか思えなかったとしても、その一パーセントの大切さに気づかなければいけません。一パーセントの愛情に気づけない人は、一〇〇パーセントの愛情にも気づけないのです。

いつも一〇〇でないとだめと言っていたら、いつまでたってもゼロのまま。

二十ある、三十もあると、つねに感謝できる人だけが、愛の電池を一〇〇パーセント蓄《たくわ》えられる人であり、幸せになれる人なのです。

夫は病気。私や子どもは、どうなる？

私たちは日頃、健康のありがたさを忘れがちです。けれども病気は前ぶれなく訪れるもの。今回のお手紙も、元気だった夫が突然の病に見舞われたという主婦からです。

この方は、東京近郊のとあるニュータウンに住む四十代半ばの女性です。大手都市銀行に勤める夫は五十歳。二人の間に生まれた子どもは今、中学二年生と小学五年生です。

いわば中流階級の上という典型的なサラリーマン家庭に、異変が起きたのは昨年末のことでした。夫に脳腫瘍《のうしゅよう》が見つかったのです。仕事も今までどおりにはできなくなり、銀行のなかでも閑職に配置転換されてしまいました。

もしも夫がこのまま逝《い》ってしまったら、子どもの教育はどうなるのか。家のローンも残っている。住んでいるニュータウンの主婦たちとは、夫の出世や子どもの進学で密かに競い合っており、そうしたなかで、自分の夫が病気になり、これまで順調だった出世の道を断たれたことなど恥ずかしくて誰にも話せない。自分自身、生きることに、もはや意味も価値も見出せなくなってしまった——お手紙にはそう書いてあります。

私はまず、あなたのご主人の余命はどのくらいなのかを霊視してみました。するとどうでしょう。どう見ても、すぐに命を奪われるような腫瘍には見えないのです。最低でも五年は生きられそうですし、ひょっとすると良性かもしれません。

ということは、あなたは、悪性か良性かもわからないうちから、ご主人亡き後のことばかり考えているのでしょうか。

一番苦しいご主人に対する愛情はないのでしょうか、だとしたら、その心のあり方のほうが、よほどゆゆしき「病」だと思います。

家族の結束よりも、世間体のほうを気にする——これが現代日本の夫婦の象徴かと、私は愕然としてしまいました。

そもそも人はなぜ病気になるのでしょうか。スピリチュアルな視点で見ると、病気には三つの種類があります。

一つは「肉体の病気」。身体の酷使や過労によってかかる病気です。身体を休ませることで治せる病気であり、裏を返せば身体を休ませるためにかかる病気ともいえます。

二つめは「魂《たましい》の病気」。これは自分の思いぐせからくるものです。どんな思いぐせが、何の病気をもたらすのかには、ある程度決まった傾向があります。たとえば、やきもちやきは呼吸器を、怒ってばかりいる人は肝臓を、ものごとを注意深く見ない人は目を悪くしやすい、といった具合です。

「魂の病気」は、そうした思いぐせを矯正するためになるものなので、思いぐせを改めれば、病気もしだいに癒えてきます。「難病が奇跡的に治った」、「がんが消えた」ということが起こりやすいのは、このタイプの病気です。

三つめは「霊《たましい》の病気」。その人の寿命や、生まれながらに持っていた因果にかかわる、いわば宿命の病気です。こうした病気を得たら、いかに治すかよりも、いかにその病気と仲良くつき合っていくか、場合によっては、いかに死を迎えるかを考えることが大切です。

あなたのご主人の腫瘍は、このうちの二つめです。たましいのあり方が歪《ゆが》んでいますよという、スピリチュアルなメッセージをもった「魂の病気」なのです。

つまり、ご主人にとってこの病気は、それまでの生き方を見つめ直すいいチャンス。出世に血道を上げるあまり家庭を顧みなかった自分を反省し、家族との心の絆をあたためるために与えられた絶好の機会といえるのです。

ご主人を霊視しますと、病気になる前と比べて、ずいぶん心のあり方が変わっているようです。死を意識する機会を得たことで、今まで自分が追いかけてきたものには果たして何の意味があったのか、とひたすら出世に向いていた人生観がゆらいできているのです。

二人の子どもたちへの愛情もはるかに深くなりました。出世路線から外れて時間のゆとりができた分、今までを取り戻すかのように、子どもと会話したり、勉強を教えたりしてすごしています。

そんな父親を、子どもたちも以前よりずっと好きになっています。あなたからも今までのように「もっと勉強しなさい」、「お父さんよりもいい大学に入りなさい」と小言を言われなくなったため、子どもたちにとって、家庭は安らぎの場になってきてもいるようです。

そのなかでひとりあなただけが、もとの価値観に固執して、ありのままの今をうまく受けとめられないでいます。「生きている意味も価値も見出せない」とお手紙にはありますが、ではどういう人生なら意味や価値があるというのでしょう。ぴかぴかのマイホームと名門校に通う子ども、そして近所に自慢できるエリートの夫だけが、幸せなのでしょうか。

このようにモノや財産、地位・名誉を重んずる「物質主義的な価値観」を持つ人たちは、実は今の社会にあふれています。物質主義的な価値観とは日本がここ半世紀ほどのあいだ歩んできた経済至上主義社会の産物ですから、今の大人の世代はみな、多少なりともこの価値観に毒されているといってもいいでしょう。

できるだけたくさん物質を所有することが幸せであって、それ以外に幸せは感じない。せまい価値観のなかで描いた青写真にしたがって、やれマイホームだ、やれお受験だと、自分や家族を駆り立てる。その青写真が少しでも崩れたらすべてが崩壊――そんな、まるで危険なサバイバルゲームのような人生を送っている人たちが、ごまんといるのです。

私のところにも、そういう人たちが毎日のように相談に来ます。

前にもこんな女性が来ました。

有名国立大学出身の夫が、一流商社でエリートコースをまっしぐらに進んできたが、後輩に出世を越されたのをきっかけにノイローゼになってしまい、精神科に入退院をくり返している。

そこで相談したい内容というのが、夫がいかにしたら立ち直れるか、ではありませんでした。離婚してどれだけお金を取れるかということだったのです。そのうえ、有名大学出で一流商社に勤めるエリートであることが条件で結婚したのだから、それがなくなれば離婚するのが当然だ、と臆面もなく言うではありませんか。

たとえ見合いで結婚したにせよ、子どもはもう大学生なのだし、ともに生きた年月のあいだに多少の情愛が育っているのが普通だと思います。なのに離婚と慰謝料のことしか考えていないのですから、心底あきれてしまいました。

物質的な価値観は、本来なら愛情で支え合って生きるはずの夫婦や家族も大きく変えてしまったのです。まさに現代社会の病だと思います。

子どもにも、そうした価値観は必ずや伝染します。もしくは繊細な子どもなら、それに反発して、非行や引きこもりに走っていくかもしれません。

非行や引きこもりを肯定するわけではありませんが、ある意味でこれらは、子どもたちのたましいの素直な反応ではないかと思います。今の社会や家庭に対して、たましいが「違う」と拒絶反応を示しているのだからです。

あなたのご主人の病気も、「このままではいけない」と内心思っていた、ご主人のたましいのSOSです。家族の誰かの病気にせよ、子どもの非行にせよ、現象だけ見れば困った問題ですが、実はそれらが、家族の間違ったあり方が変わるきっかけになることは多いのです。

どうか、ご主人の病気を「ほんとうの幸せ」に気づくためのチャンスとして受けとめていただきたいと願うばかりです。

釣り合わない相手と結婚したら?

結婚は人生最大のイベントといわれます。最近は女性の生き方も多様になりましたが、それでも私のところへは、結婚にまつわる悩みをもった若い女性がひきもきらずに訪ねてきます。

恋愛とは違い、結婚には双方の「家」がからんでくるため、それがネックとなって結婚に踏みきれずにいる女性も少なくありません。「家同士が釣り合わない」、それも「相手の家が自分の家より劣る」との悩みを訴える女性が多いのには驚かされるほどです。

関西に住む二十代後半の女性からいただいたお手紙もそういった相談でした。

三年間つき合っている彼からプロポーズされたが、自分の気持ちが定まらない。なぜなら彼がごく普通の会社員だからだ。彼はサラリーマン家庭に育ち、大学時代は学費や生活費を自分のアルバイトでまかなっていた。かたや自分は、親が地元で有名なスーパーを経営していて、子どものころから裕福に暮らしてきた。彼とデートをしていても、いつも金銭感覚にギャップを感じる。そんな彼との結婚生活に、私は耐えていけるでしょうか——との内容でした。

こういう悩みを聞くたび、私は首を傾げざるをえません。

裕福に暮らしてきたかもしれませんが、それはあなた自身のお金ではなく、しょせん親のお金。なのになぜ、自分のもののように思ってしまうのでしょう。

たとえ彼との結婚生活が経済的に苦しいものになるとしても、共稼ぎするなりなんなりして、力を合わせて生きていこうとは考えないのでしょうか。彼に対する愛情は、その程度なのですか。

結婚において、生まれ育った環境が似通った相手を選ぶことは確かに大事です。たとえば「玉《たま》の輿《こし》」に憧《あこが》れる女性は多いようですが、結婚後に、相手の家の格式、伝統に合わせていける器が自分にないことに気づき、苦労のあげく、結婚そのものを後悔してしまっている人はけっこういるものです。

でも、あなたのケースはそういう問題ではありません。親が一代で築《きず》いた財産の多寡《たか》が、二人の間で差があるというだけです。

親がたまたま「小金持ち」だったために、好きな人と結婚できない――なんとも不自由な話ではありませんか。

あなたに限らず、これから結婚する女性たちにアドバイスしたいのは、相手の「今」だけに視野を限らないでほしいということです。明日も読めない今の日本では、「今日の金持ち、明日の貧乏」、「今日の貧乏、明日の金持ち」ということはザラにある話です。それよりも大切な、彼という「人物」を見なければいけません。

その「人物」を見るにしても、まだ若い男性は「苗木」として見るべきです。今はまだ細くて頼りなげな木かもしれません。あなたの父親のように、すぐにはモノを買ってくれないかもしれません。それでも将来どうなるかで見てほしいのです。根はしっかり張っているか、枝をぐんぐん伸ばして花をいっぱいに咲かせそうか、厳しい木枯らしにも耐えていけそうか、あなたに見る目があればわかると思うのです。

今はコンビニエンス時代ですから、結婚相手に関してもみな完成品を望みがちです。でも、時間をかけて相手を「育てる」という発想をもたなければいけません。そしてそれこそが結婚の醍醐味なのではないでしょうか。

いただいたお手紙には「彼」の写真が同封されていたので、どんな苗木かと霊視してみました。すると、実にいい苗木だと感じました。

自分でアルバイトして学費を稼いだくらいですから、バイタリティは満点です。将来に対しても甘っちょろい考えはありません。現実にしっかりと根を下ろしつつ、年をとるごとに枝葉を広げて、家族のためにたくさんの花を咲かせてくれそうな苗木なのです。

そうした「人物」の良さや将来性に目を向けず、サラリーマンとして給料をもらいながら地道に生きる今の彼を貧乏というのなら、きっと彼との結婚はうまくいかないでしょう。お互いにもっと合う相手を探して結婚したほうが幸せです。せっかくいい苗木と出会えたのに、惜しい話だとは思いますが。

このように、親が持っている財産を基準に相手を選ぶ。相手の「人物」そのものではなく、今このとき所有している物質の多い少ないで結婚を決める――そんな「物質的結婚」があまりにも多いのが今の世です。一時流行《はや》った「三高」という言葉も、物質を基準とした結婚観でした。

では実際にそうした基準に適《かな》った相手と結婚できた女性たちは幸せになれたかというと、決してそうではないようです。

確かにお金の苦労とは無縁ですし、専業主婦でいてもリッチで優雅な暮らしはできます。でも、それが真の幸せにはつながらないという真実が、徐々に暴かれてくるものなのです。

そのプロセスには、いくつかの実に決まりきったパターンがあります。

家業の倒産などで家の財産自体が失われ、そのときにやっと「人生とは、幸せとは何だろう」と夫婦とも目覚めるパターン。これはまだいいほうです。

大変なのは、夫婦が不仲になり、離婚に至るパターン。もともとほんとうの愛情では結ばれていなかったので、ささいなことで亀裂が入ります。そしてそれを乗り越える力も持ち合わせていませんから、憎み合って離婚することになります。

なかでも多いのは夫の浮気。物質のみを愛する妻に安らぎを感じられず、妻以外の女性に癒《いや》しを求めてしまうのです。

そうはならず、夫婦がうまくいき、子どもも生まれて家庭を築けたとしましょう。するとと子どもに問題が起きたりします。子どもも親の影響で、物質的な価値観の持ち主となるからです。

まず、今回のお手紙の女性のように、物質的な基準でしか人を見られないような大人に育つことがあります。

別のパターンでは、親との物質的な縁が切れたとき、親に背を向けるようになります。「金の切れ目が縁の切れ目」というわけです。また、そういう両親に違和感を抱いて非行や引きこもりに走ってしまうこともあります。

こうした問題を真剣に受けとめないかぎり、物質的な価値観は世代から世代へと伝わっていきます。

毎日さまざまな相談を受けている私は、話を聞いているだけで、その方が前述のどのパターンをたどりそうかが、読めることが少なくありません。それをアドバイスしますと、しばらくしてその方からご報告をいただくことがあります。「先生の予言が当たってしまいました！」と。

私に言わせれば、予言でも何でもありません。霊視など使わなくてもわかる、当然すぎるほど当然のなりゆきなのです。理屈どおりにことが運んでいった結果にすぎないのです。

「こんな目に遭うのもなにかの因縁でしょうか」と問われることもありますが、「あなたの考え方が招いたことですから、あなたのたましいの因縁です」としか言いようがありません。自分で自分を不幸にしているだけです。

今結婚を考えている方たちの多くは、二十代後半から三十代にかけてでしょう。この世代は、高度経済成長期に物質的豊かさをひたすら追いかけた世代を両親に持つ人たちです。

もしあなたが結婚したいと思っているならば、自分が物質的価値観を基準に相手を選んでいないか、一度冷静にふり返ってみてください。先述のように、男性は苗木として見立てていただきたいのです。

それと同時に忘れてはいけないのが、あなた自身もいい苗木となれるよう努力して自分を磨《みが》くことです。

いい苗木同士が出会って結婚すれば、すばらしい花の咲く家庭を築くことができるのですから。

前向きないい離婚はできますか？

財産や社会的地位のあるなしを基準に、結婚相手を選ぶ――そんな物質主義的な価値観に基づく結婚について、前回書きました。

今回は、そうした結婚が往々にして行き着くことになるパターンの一つを取り上げましょう。それは、「夫の浮気」です。

たとえばこんな夫婦がいます。

経済的に裕福な家庭に育った者同士が結婚をしました。立派なマイホームを建て、おしゃれな外車を買って、子どもは有名私立校に進学させました。

自営業の妻の実家からは、多くの経済的援助があります。それで妻は、おりにふれ夫に向かってこう言うのです。「誰のおかげでこんな暮らしができると思っているの」、

「私の実家のおかげであなたのポルシェが買えるのよ」、「お父さまにお願いして、今度はイタリアの家具でも買ってもらおうかしら」。

男性というものはどんなに裕福な家に育っても、それを自分自身のステイタスだとはあまり考えないものです。ところが女性の中には、家の経済力を自分のアイデンティティだと勘違いしてしまっている人が実に多いのです。

そのギャップがあまりに大きいと、夫は妻についていけず、恋愛に走ります。男性はある程度の年齢になるとモテるようになるものです。所帯持ちは経済的にも心にもゆとりがあり、人生経験も積んでいますから、若い女性にとっては魅力的です。ですから、女性の悩みの相談を受けているうちに、そのまま愛し合うようになるということにもなりがちです。

基本的に男性には女の人を守りたいという本能があるのだと思います。今、世間では「男がだめになった」と言われていますが、強い女性が増えたために、男性にその本能を発揮する場がなくなってしまったという面も見逃せないのではないでしょうか。

そこへ女性から相談を持ちかけられようものなら、「おれがなんとかしてあげなくちゃ」と、本能がメキメキと湧き上がってくるのです。

その浮気が本気になり、妻と離婚してその女性と再婚することを真剣に考える人もいます。新しい妻とほんとうの幸せをあたためていこうと思うようになるのです。

お手紙をくださったのは、千葉に住む四十代の主婦です。

今から五年前、大学教授である夫が新潟に転勤になった。子どもがちょうど有名私立中学に受かったばかりのときだった。新潟の大学での勤務が二年や三年ではすまないことがわかっていたので、夫はその中学進学をあきらめさせて、ぜひ家族みんなで新潟についてきてほしいと言った。ところが自分は猛反対。子どもの将来を優先に考え、夫には単身赴任をしてもらった。

すると夫は間もなく、新潟で秘書の女性とつき合い始めた。もう二年も一緒に暮らしており、先月「別れてくれ」と言われた。自分はひたすら子どものためを一生懸命思っているのに、なぜこんな目に遭うのか。家庭を捨てるなんて、あまりにも夫は無責任ではないだろうか。今まで自分の実家の経済的援助で豊かに暮らさせてきたのに、その感謝もないのか——といった内容でした。

これを読んで、「男ってひどいわね」とか、「私も子どものためなら、仕方なくそうしたはず」と思う方もいるでしょう。けれども私は、同情しきれないものを感じてしまいます。

あなたのご主人には、何も家庭を捨てる気などなかったのです。霊視をすると、家族や愛する人と一緒に生きていきたいという志向のとても強い人ですし、現に転勤のとき、「ついてきてほしい」と言っています。

ところがあなたは子どもをとりました。というよりも、子どもの学校のブランドをとったのです。子どもの「将来」のためというけれど、それは有名大学に進学したり、一流の会社に勤めることができるという「将来」であって、家族に囲まれて情愛豊かな大人に育つという意味での「将来」ではありません。

男性というものは外で戦っている分、家庭には安らぎを求めるのです。それが得られないとなったら、寂しさのあまり安らぎも外に求めます。妻との関係が殺伐《さつばつ》とすればするほど、純粋な愛を別の女性に求めることになるのです。

私のところにも、実はこの種の相談は絶えません。そのたびに何とアドバイスしたらいいものか、いつも頭を悩ませてしまいます。

なぜなら、夫と妻がそれぞれよって立つ価値観がまったく違っているからです。物質的価値観に浸《つ》かりきった妻と、精神的価値観を追い求めて純粋な愛に走った夫。別の土俵にいる力士に相撲はとれないように、こうした二人もぶつかりようもなければ、譲り合いようもないのです。

だいたいは妻のほうがどこまでも物質にこだわり、裁判までもっていって慰謝料や月々の生活費を勝ち取ります。夫はあくまでも愛を優先させ、不倫相手の女性との結婚を真剣に考えます。そうなると妻はますます離婚を承知しません。お金や法の上での絆は保ちつつも心は完全に別という生活を、いつまでも続けることになります。

こんな「是が非でも別れない妻たち」はこの世にごまんといます。憎み合って別居していながら、世間体だけは保っておきたいのか、子どもの運動会や参観日には夫を必ず来させたり、夫なきマイホームを新築したりする人もいます。

このような家庭をたとえてみれば、土台が朽《く》ちているのに、カーテンやインテリアに凝っている家のようなもの。互いの心の絆という基礎部分を作らずして、外側だけ飾り立てているような状況ですから、危なっかしくて仕方ありません。

すっかり崩壊してしまって、どうにも修復できない夫婦については、私はずばり、仕切り直しをおすすめしたいと思います。つまり、離婚することです。

スピリチュアルな視点で見れば、人生はすべて勉強です。ですから経験をできるだけたくさん積むことが大事です。

良き経験も悪《あ》しき経験も、たましいを磨いてくれるという意味では同じ。価値は等しいのです。

離婚にしても、それ自体が悪いわけではありません。一度の結婚を生涯貫くだけが正しい生き方ではないのです。相手ばかり責めずに自分のことも反省し、二度目の結婚にその教訓を生かせるようならば、前向きないい離婚をしたといえるのです。

現に、二度目の結婚でほんとうの幸せをつかんだ人はたくさんいます。人間には過《あやま》ちがつきものですから、一度目が完璧な結婚になるのはむしろ難しいことともいえます。

争わず、憎しみ合わず、尊重し合いながら、寛大な気持ちで相手を手放す。そのようないいかたちでの別れができ、出直せるならば、よほど家族みんなの将来のためになるでしょう。

「子どものことを考えると別れられない」という言葉をよく聞きますが、どちらが子どものためだと思いますか。

親の離婚を経験した人たちに聞くと、多くは「もっと早く離婚してほしかった」と言います。できれば仲良く暮らしていたかったけれど、あんなにひどい争いを続けるくらいなら早く別れてほしかった――これが子どもの本音であって、親の思い込みとは違っているのです。

あなたも、子どもを想う気持ちはあるようですが、何が子どものためなのか、その中身を見つめ直してみてください。そしてご主人に対してまだ愛があるなら、プライドを捨てて修復に努めてください。それでも修復できなければ、きっぱりといい別れをすることです。

その後あなたも精神的価値観を求める人生へと切り替えていけるなら、離婚という手痛い経験も決して無駄にはならないはずです。

愛される妻になれるでしょうか？

若い女性の恋愛相談を受けていて気づくことがあります。好きな男性がいるという人が、必ずと言っていいほどみな同じ質問をするのです。「この人は私を愛してくれるでしょうか」と。

自由奔放《ほんぽう》にふるまっているように見えて、その実とても臆病なのが最近の女性たちのようです。「彼はあなたを確実に愛してくれますよ」と太鼓判を押されないかぎり、自分からは絶対に告白できないと、彼女たちの多くは言います。つき合うどころか告白もせずに、あきらめてしまうようなのです。

ふられることを異常に恐れる「恋愛できない症候群」は、今の世の中に蔓延しています。「ふられるという経験をしてこそ、人間の心は磨かれるんだよ。思い切って飛び込んでみたら？」と私が言っても、いっこうにわかってもらえません。何でもすぐ手に入るコンビニ時代ですから、恋愛にも最短距離を求めてしまうところがあるのでしょう。

すでに結婚している女性にも、愛に対する不器用さを感じます。夫の愛し方も、妻としての甘え方もわからない、そんな人が多いのです。毎日会っている夫に、ちょっと言えばいいだけのことを言えず、聞いてみればいいだけのことを聞けずに、一人で悶々として私のところへ来るのです。

愛がほしい。なのにどうしていいのかわからない。これは、未婚、既婚を問わず、今の多くの女性たちが抱える共通の闇なのかもしれません。

実はこれもまた、今までに書いてきた物質的価値観の一つの産物といえそうです。財産は豊富にあっても愛のない家庭に育ったから、愛というものを知らない人が多いのだと思います。

愛とは相互に与え、与えられるもの。ところが両親が心から愛し合っていなかった。自分も両親からほんとうの愛情を注いでもらえなかった。

こうして愛で結ばれた人と人とのかかわり合いを知らずに育つと、恋愛や夫婦愛に関しても一人芝居しかできなくなってしまいます。

ときには「だめんず（だめな男）」との恋愛に走ってしまうこともあります。

以前、だめんずに貢いでいる女性が相談に来ました。その男性は働きもせずぶらぶらしていて、そのくせいばって暴力までふるいます。「あなたはだまされているんだよ。愛じゃないいんだよ」と諭しても、彼女は聞き入れません。「おまえしかいないいんだ」という言葉を愛だと信じて、それにすがっているのです。

かまってもらえることがすべて愛であり、なぐられることとさえ愛だと錯覚しているふしもありました。「乱暴でわがままだけど、おまえがいないと俺はだめだと言ってくれる。あの人を支えられるのは私だけ」と言います。「やっと巡り合えた愛」と思い込んでいるので、そこから目覚めることはなかなか難しいようでした。

都内に住む三十歳の女性から、こんなお手紙をいただきました。ここまでの話とは一見関係なさそうですが、実は根っこは同じなので、ご紹介します。

夫と子どもの三人で暮らす主婦。自分自身がいい奥さんではないことで悩んでいる。なぜなら夫にいつも「おまえといてもつまらない」、「おまえは暗い」と言われるから。別れたいと言われることもある。夫の実家にもなじめず、行くといつもとても疲れる。

私はどうしてこうだめなのだろう。夫が言うように、離婚されてもしかたがない。こんな文面でした。ご主人の言葉にかなり悩み、自分を責めてもいるようです。

ところが霊視をしてみると、見えてきたのはまるで違う現実でした。お手紙だけ読めば、心ない言葉を吐くひどいご主人のようですが、実際はちっとも悪い人ではないのです。奥さんのことを大変愛してもいます。

それなのにこれだけ大きな誤解が生じてしまった背景には、実は、お手紙にも書いてある、二人の対照的な生い立ちがありました。

奥さんはエリート商社マンの父親と、有名女子大出身の母親との間に生まれました。大きな一戸建てに住む、経済的にはとても裕福な家庭でした。

ところが両親の関係は、彼女が生まれたときすでに冷えきっていました。そして物心つくかつかないかという二歳のとき、離婚してしまったのです。

その後は母親の実家で祖父と一緒に暮らすようになりました。祖父は母親と彼女にとてもよくしてくれましたが、父親とはその後一度も会わせてもらえませんでした。

そのような環境で育っているので、彼女は夫婦のあり方を知りません。仲良く助け合う夫婦も、派手に喧嘩をする夫婦も、見たことがないのです。だから自分が大人になって結婚しても、家庭というものや夫との接し方を、乏しい知識から想像するほかありません。

一方ご主人は、とても仲の良い大家族に育ちました。豪快な父親と朗《ほが》らかな母親のもとで、やんちゃな四人兄弟とともに楽しく暮らしてきたのです。

今も盆暮れに親戚じゅうが集まれば、ご主人の実家は大変なにぎわいとなります。近所の人たちとの行き来も多く、笑いの絶えない家なのです。

そうしたなかで彼女がとまどうのはよくわかります。生来の考え込んでしまう性格もあって、なじみのない世界にどう飛び込んでいったらいいのかわからないのです。義父母とのやりとりでも、ついビクビクと怖じ気づいてしまいます。

ご主人のほうのとまどいも、これまたよくわかります。明るい肝っ玉母さんだった自分の母親と、今の家庭における妻をどうしても比べてしまいますし、いつも和気あいあいとした家で育ったのに、彼女はとても物静かですぐに悩むタイプ。だからとても寂しいのです。

自分の実家でいつも緊張してもじもじしている妻の気持ちも理解できません。家族が妻に意地悪しているわけでもないからです。そこでつい「暗い」の一言が出てしまうのですが、愛しているから突き放すこともできません。その葛藤《かっとう》がイライラとなって、ますますひどい言葉を彼女に浴びせてしまうのです。

二人は決して「わからずや」同士なのではありません。あまりにも育った環境が違いすぎただけです。

でも大丈夫。この夫婦には愛情が失われていません。そういう意味では、今の不仲も「犬も食わない」の範囲内です。

あとはもう少しお互いに思いやりと想像力を働かせて、それぞれの生い立ちを心から理解し合うよう努めれば、今の状況は必ず改善できるでしょう。

奥さんも、ご主人の言葉を深刻に受けとめすぎないように。それより自分自身のトラウマを乗り越えることが大切です。時間をかけてでも、自分を前向きに変えていくことです。

「こんなに違う二人が、なぜ結婚したんだろう」と思う人もいるかもしれません。でもスピリチュアルな視点で見ると、それが結婚の意味であるといえます。

結婚とは別々の環境で暮らしてきた二人が一緒に生きることですから、容易なことではありません。生い立ちも個性も自分と違う相手と結婚することで、ときには教えられ、ときにはぶつかり合いながら、多くを学んでいくのが夫婦です。「自分と違うからやっていけない」と匙《さじ》を投げる前に、何を学ぶために自分はこの相手と結婚したのかをよく考えてみてください。そのうえで違いを乗り越え支え合って生きていけるよう、できるかぎり努力することです。

戦後の経済成長の中で生まれた物質的な価値観は、恋愛や夫婦のあり方を大きく変え、今の若い世代にも、たとえばこのようなかたちで連鎖してきています。

バブル崩壊で物質的価値観がゆらぎつつある今こそ、この不幸な連鎖をくい止めたいものです。

姑との仲は修復できますか？

家族の問題を考えるときに、忘れてはいけないことがあります。それは、誰もが親や子、夫や妻である以前に、ひとりの人間であるということです。

このことは、自分にあてはめるとよくわかると思います。あなたは両親の娘であり、夫の妻であり、子どもの母親であり、職場の社員でもあるかもしれません。でもそれ以前に、あなたはあなたというひとりの女性であるはずです。

嫁と姑にしても例外ではありません。嫁姑問題というと、「意地悪な姑」vs.「残酷な嫁」の醜《みにく》い争い、といったイメージがありますが、もとはといえば、ひとりの女性と、ひとりの女性です。

どんな「ひとりの女性」であっても、できればいつも人に優しく、穏やかな気持ちで毎日をすごしたいもの。最初から意地悪な人や残酷な人など、そうはいません。私のところへ嫁姑問題の相談に来る人にも、まじめで善良な人は多く、ほとんどが心のどこかで自己嫌悪に陥っています。

ではなぜ、嫁は姑に、姑は嫁に、意地悪な言葉を吐いたり、陰湿な嫌がらせをしてしまったりするのでしょうか。

私が見たところ、大部分のケースが同じ原因を持っているようです。

今回のお手紙をくださった女性もまさにこのパターンだったので、まずはその例をみていくことにしましょう。

金沢に住む三十代前半の一児の母。

夫とは職場で知り合い、五年前に結婚したが、その結婚の際、姑から異常なまでの猛反対にあった。これという理由もないようなのに、姑はその女性の何もかもが気に入らないと言う。

それでも二人が結婚を押し通そうとすると、姑は「勝手にしなさい。私は式には出ませんから」と言い張り、その言葉どおりに式には来なかった。

その後は年に一度顔を見せるくらいのつき合いをこなしてはいるが、姑はその裏で、陰湿な嫌がらせをあれこれしかけてくる。たとえば、二人が住む新居に毎日十回以上の無言電話。もしかしてと思いながら、相手の電話番号が電話機のディスプレイに表示されるように設定したら、案の定、姑からだとわかった。

一年前に子どもが生まれたが、子どもにまで意地悪が及ぶのはいやなので、今後、姑とは極力かかわりたくない。どうしたらよいか——といった内容でした。

霊視しますと、このお姑さんは今までの人生において、ずっと孤独を感じてきたようです。生い立ちが複雑なうえに、結婚してからも夫にあまり大切にしてもらえませんでした。

その寂しさが、一人息子への溺愛に走らせました。自分自身の楽しみも、買いたい物も我慢し、すべて息子のためを思いながら暮らしてきたのです。

こういう母親には、息子が大人になったときに、必ずといっていいほど問題が起こります。ひたすら愛情をかけて育ててきたという思いが強いために、自分のもとから巣立っていくのをまるで裏切りのように思ってしまうのです。

大人になったら「ハイさよなら」とばかりに、よその女と去っていく。それを許せないと思う気持ちは、人情としてわからなくもありません。

その憎しみは愛する息子に向かうこともありますが、多くは嫁に向けられます。それがほとんどの嫁姑問題のパターンだといっていいでしょう。

まずお姑さんに伝えたいのは、ここはやはり、母親のほうも子離れすべきだということです。

私はスピリチュアルな視点から見て、子育てとは子どもが十二歳から十五歳ぐらいになるまでだと考えています。この年齢になると子どもは、それまでの経験から、自分でものごとを判断できるようになるからです。

もちろん十二歳から十五歳といってもまだ未成年ですから、そのあともしばらく学費を払ったり食事を作ったり、何かと物質面での面倒をみる必要はあります。でもそれは経済的なスポンサーの立場に徹して行うべきことです。精神面での支えになってあげることも大切ですが、もう一人の人間として尊重すべきであり、依存させてはいけません。

やがて子どもは成人し、結婚して新しい家庭を築くようになるでしょう。その一人立ちを頼もしく見守りながら、親は上手に子離れして、自分自身の人生に戻っていかなくてはいけないのです。

お手紙を読んだ限りでは、大変なお姑さんだなあという印象を受けますが、こうしてみていくと、このお姑さんはもともと、ちっとも性悪なタイプではありません。家庭を守って夫を陰で支え、一生懸命に子どもを育ててきた。ある意味で、この世代の「日本のお母さん」の象徴といっていいでしょう。

その夫、つまりあなたのお舅《しゅうと》さんも、この世代の父親の象徴です。ごく普通の、真面目なサラリーマン。悪気はないのだけれど、ひとりでいるのが好きで、家ではろくに口も利かない。子育ても妻まかせなら、休日も家族を置き去りにして、趣味の釣りに勝手に出かけてしまう。欧米のカップルのように夫婦で一緒に楽しむという発想のかけらも持っていない。

先ほど、どんな嫁姑問題も突き詰めると同じ原因を持っていると書きましたが、それがずばり、このお舅さんのような「妻をかまわない夫」なのです。

嫁と姑と息子の三人でもめている状況に見えても、その外野にいるかのような舅が問題のカギを握っている。これが実によくある真相です。

家によっては、姑ではなく嫁が孤独に陥っているパターンも山ほど見かけます。息子がマザコンぎみで、自分の妻よりも母親にばかり味方するのです。

このように、自分に味方をしてくれない夫をもった、姑あるいは嫁の孤独感が、険悪な嫁姑問題のおおもとです。

以前にもお話ししましたが、人間とは「愛の電池」です。

いつも愛に満たされていたら、他人にも自分にも優しくできますし、電車の中で足を踏まれても、笑顔で「いいんですよ」と言う余裕さえ持てるでしょう。

ところが愛が十分に注がれていないと、電池が足りなくなった機械が誤作動を起こすのと同じで、人間は、表現の誤作動を起こしてしまいます。

あなたのお姑さんが、まるでだだっ子のように結婚に猛反対したり、無言電話をかけ続けたりしたのも、愛が不足しているゆえの誤作動です。男性も同じですが、女性というものは、夫にかまわれなくなったとき、女として見てもらえなくなったときがもっとも要注意なのです。

嫁であるあなたは、そうした仕打ちを憎むかもしれませんが、これは誤作動なのですから「かわいそう」という受けとめ方をしたほうがいいのです。ひとりの女性として愛がしっかり注がれた状態のお姑さんを、本来のお姑さんとして想像してあげるべきです。

そして、一番しっかりしなければいけないのは、お舅さんです。

このお舅さんはきっと、何かにつけて感情をあらわにしてキーキー言う妻にうんざりし、ときには釣りを口実に逃げたくもなるのでしょう。

けれどもそういう妻だからこそ、ほかでもない夫がきちんと向き合わなければいけません。こういう女性というのは、きちんと相対すれば、案外かわいらしいところがあるものなのです。

ぜひご主人の口から、お舅さんに言ってもらいなさい。「自分は妻をしっかり愛して自分たち夫婦なりにやっていくから、お父さんも自分の女房をしっかり愛しなさい」と。母親は母である以前に、父親の女房です。母親の問題はまず、父親に向き合ってもらってください。親子より先に、夫婦ありきなのです。

どんなに複雑な嫁姑問題も、原因は「愛の電池」の不足。

そう考えると、人間というのは案外単純で、愛しいものだとも思います。

変わり者の姉は、私の結婚の障害？

人間にとって一番大切なもの。それはやはり「愛」ではないでしょうか。

愛に満たされていたら、人は自分に自信が持て、まわりにも優しくなれます。前回も書いたように、人間は「愛の電池」だからです。

愛は電池やガソリンと同じで、すべての機能の原動力となります。愛の電池が足りなくなれば、何に対してもおどおどしたり、ギクシャクしてしまい、うまくこなしていくことができません。

愛という言葉は、とりわけ日本人にとっては照れくさくて、普段なかなか口にしないものですが、愛がどれほど人間に欠かせないものなのか、私は日々のカウンセリングで痛感しています。どんなに恵まれて見える人でも、みな愛に飢えて、愛を求めて生きているのです。

どの悩みや問題を見ても、愛の電池不足にかかわらないものなど一つもないのではないかと思われるほどです。恋愛に不器用だったり、子どもや親を愛せないといったような直接「愛」にまつわる悩みはもちろんですが、一見「愛」とは関係のなさそうな問題でも、突き詰めれば愛された経験が足りないことが原因となっている場合が多いのです。

たとえば、進路や才能にまつわる悩み。意外とこれも、愛の電池が足りているか、足りていないかがカギを握っていたりします。愛の電池が蓄えられている人は、どんなことにも大胆になれるもの。ところがいくら出来のいい、才能のある人でも、愛の電池が足りないために自信が持てなかったり、もう一歩前に踏み出す勇気が出なかったりするのです。

それほど愛の電池不足は重要な問題です。バッテリー不足の機械がうまく作動しないのと同じで、人間も誤作動を起こしてしまうからです。

自暴自棄な行動に出たり、人に意地悪をしたり。でもこれならまだわかりやすいほうです。もっと複雑なのは、愛を知らないがために、あるいは自分自身が愛されたいがために、見当違いな「愛」を人に押しつけてしまうこと。これも実によくありがちなのです。

埼玉に住む二十代後半の女性からお手紙をいただきました。

この女性は三人姉妹の一番下。悩んでいるのは自分の結婚と、三十代後半の長姉のことです。

長姉はやさしいところもあるけれど、かなりアクの強い、いわば世間で言われる「変わり者」。頭の出来はいいけれど、あまりにも個性が強いために職場での人間関係がいつもうまくいかず、今は無職で実家にいる。男性を好きになっても恋愛に発展したことはなく、見合いもまとまらない。

今、自分は結婚を考えているが、この長姉に妨害されることをとても恐れている。というのも、真ん中の姉が結婚する前、つき合っている男性を家に連れてくるたび、長姉が必ずその場をめちゃくちゃにしていたから。男性の顔にお茶をかけたり、ひどい言葉で罵倒《ばとう》したり。男性の素性を調べあげもした。真ん中の姉は、何人かの男性との仲を壊されたあげく、とうとう今の夫と駆け落ち同然に家を出て結婚した。

今度は自分の番なのではないかと思うと、夜も眠れない。真ん中の姉のように家から逃げて出れば両親も悲しむし、どうしたらいいのか。

といった内容でした。

霊視をすると、確かにこのお姉さんにはとてもやさしいところがあり、実際に妹の将来を心配しています。

ただその心配がやみくもというか、的《まと》はずれなのです。相手の男性の本質を見極めようともしていませんし、何がどう心配なのかさえ、自分でもわかっていないようなところがあるのです。

お姉さんのこれまでの歴史をみてみました。子どものころから根はとてもいい子だったのですが、やはりかなり個性的なキャラクターのために、学校や近所の友だちにいじめられることが多かったようです。先生にとっても扱いづらく、かわいがられにくい子でした。

それでも子どもというものは、家庭で愛に満たされて育ってさえいれば、外でも明るく強くいられるものです。ところがお姉さんは、両親にもあまりかわいがってもらえませんでした。両親は、世間の誰もが「いい子」、「優等生」と認めるような、次女や三女ばかりかわいがったのです。

お姉さんは愛されず、自分にプライドが持てないまま、大人になってしまいました。「どうせ私は変わり者だし、誰からも愛されない」と信じ込んでしまっています。

それでもお姉さんにとって、外でつらいことが多い分、家は一番の心のよりどころ。この家の人間であり、二人の妹たちの姉であるということが、今も唯一といっていい誇りなのです。妹たちを溺愛するのもそのため。ついつい心配して、干渉しすぎてしまうのです。

お姉さんは自分の愛の見当違いぶりに気づかず、「こんなに愛しているのに妹たちはなぜ反発するのかしら」と思っているはずです。「あの男では妹が不幸になる」と言いますが、不幸になるかならないかは妹たちの自由だということがわかっていません。

あなたにがんばっていただきたいのはもちろんですが、私はお姉さんにもエールを送りたいです。まだ人生は長いのですから、あきらめずにもっと自分自身を改革して、人から好かれるように努力してください、と。

男性でも女性でもいいですから、いい友だちと出会えば、ずいぶん変われるのではないかとも思います。

このような「愛」の勘違いは、多かれ少なかれ誰もがしているものです。

私たちが普段「愛」と呼んでいるもののほとんどは「愛欲」、すなわち「私を愛して」という思いがあっての愛だといってもいいでしょう。

愛をただ与えているのではなくて、ほんとうは自分を愛してほしい。結局は自分を愛しているのです。

恋愛の愛は、だいたいがこの「愛欲」です。

「恋と愛とは違う」とよく言われますが、まさに真理だなと思います。

私のところへカウンセリングに来る、片思いに悩む若い女性たちはよくこんなふうに言います。

「こんなに愛しているのに、どうしてわかってくれないの」

「あんな女性とつき合ったら、きっと彼が傷つくに決まっている。私のほうがずっといいのに」

けれどもこれは、相手の男性にとってはお門違いな愛。余計なお世話です。誰と恋愛しようと、その結果が失敗に終わろうと、それは自分の問題。どんなに自分を愛してくれている女性からであっても、口出しされる筋合いはないのです。

ほんとうの愛は、無償の愛です。相手の一挙一動にやたらと気をもむような過干渉は、愛ではありません。

相手が何かに失敗しかけているときも、相手にとってその失敗が経験としてためになるなら、そのまま見守ってあげられるのがほんとうの愛なのです。

あなたに対するお姉さんの愛も、愛の電池不足から来る愛欲です。ほんとうの愛ではないから空回りしてしまうのです。一日も早くお姉さんが自分自身を愛せるよう、妹として支えてあげてください。

それにしても、両親がこのお姉さんの個性を長所としてあたためて伸ばしてあげていたら、今のようにはならなかったのではないかと思います。

子ども時代に愛の電池をどれほど蓄えたかは、その後の人生に大きな影響を与えます。子どもは何事も驚異的な勢いで吸収して育つものだからです。

子育て中のお母さんは、どうぞわが子に一生分の愛の電池を注ぐつもりで、真心を込めて育ててあげてください。

子を失った悲しみから立ち直れますか？

家族の死は、誰にとっても、人生の中でもっともつらいできごとの一つではないかと思います。

私のところにも、大切な人を亡《な》くして立ち直れない人がたくさん来られます。夫や妻、親や子どもを亡くした人。あるいは将来ともに生きる夢を描いていた恋人を亡くした人。みな悲しみに暮れ、ときには自分を責めたりしています。

私は自分の仕事の中で、こうした死別を乗り越えるためのカウンセリングは最大のものだと思っています。あの世にいる死者のメッセージを伝えてさしあげることは、スピリチュアル・カウンセラー冥利《みょうり》に尽きるといっていいでしょう。

愛する誰かに遺《のこ》された人たちにとって、死者からの通信は最も重要な福音となるのですから。

先日も、結婚直前に婚約者を亡くした女性が見えました。霊視を始めると、その男性がいきなりバイクに乗って現れました。それをお伝えすると、彼女は突然泣き始めたのです。なぜなら彼はバイクが大好きで、バイクの事故で亡くなっていたからです。

生前の彼の夢は、世界をツーリングして回ることでした。今はあの世をバイクに乗って旅しているとのこと。元気で幸せにしているから安心してほしい、と彼女に言っています。

そして、こう伝えてきたのです。

「ぼくが死んだのは寿命なんだよ。バイクでの事故だったけれど、ぼくは寿命だと思ってあきらめているから、お互いにあきらめよう。でも、いつもぼくの写真に向かって話しかけてくれているね。ありがとう。これからもずっとそうしてほしい。ちゃんと相談相手になるから」と。

また別の日には、妊娠中にご主人を亡くした女性が見えました。ご主人のたましいは奥さんと子どものことをとても心配している様子でした。

「子どもの顔を見られなくてごめん。ぼくの集めていたTシャツをパッチワークのように縫い合わせて、子どもの肌かけを作ってあげてくれ。それで父親のぬくもりを感じさせてあげてほしい」

あとで聞くと、ご主人はTシャツをコレクションしていたとのこと。おそらく彼女はその後、世界でたった一枚しかない肌かけを、わが子のために縫いあげたことでしょう。

ずっと前のことですが、こんなこともありました。相談に見えたのは、父親を亡くした二十代前半の女性。通信をとり始めた私に飛び込んできたのは、思わず耳を疑いたくなるような言葉でした。

「亀は元気か」と聞こえたのです。

可笑《おか》しいやら恥ずかしいやらで、目の前の女性にこのまま伝えたものかどうか、私はためらいました。それでも伝えないわけにはいかず、話してみたのです。

「お父さんが、亀は元気かって言っているよ」

するとどうでしょう。彼女は大泣きし始めたのです。なぜなら、お父さんとの最後の思い出が、縁日で亀を買ってもらったことだったからです。

バイク、Tシャツ、縁日の亀。

私は、霊視する前に、これらが死者たちにとって特別なものだと聞いていたわけではありません。

だからこそ彼女たちには「ああ、ほかの誰でもない、まさにあの人からのメッセージだ」と確信することができたわけです。そして、いつでも見守られていることを実感し、それがわかったからには、自分もしっかりと生きていこうと気持ちを奮い立たすことができたのです。

あの世の霊たちは、短いメッセージの中でも、自分はここにいるよとわからせるためのツボを絶妙に押さえています。

死者のほうでも伝えたいことがいっぱいあるのでしょう。霊視に入る前からすでに、カウンセリングルームに姿を現していることがしばしばです。

また、相談者が来るその日が、ちょうど死者の命日だったという偶然――この世に偶然はありませんが――も少なくないものです。

こうした相談で来る人たちは、来たときと帰るときの顔がまるで違います。自分はただ一人取り残されたのではない、死者はスピリチュアルな存在となって、いつも、今も、これからもずっと、一緒にいてくれるんだと実感することができたからです。

しばらくして、お手紙をいただくこともよくあります。「あれ以来、とても元気になれました。生き方もずいぶん変わりました」と。

今回のお手紙は、京都に住む三十代の女性からです。

四歳の息子を交通事故で亡くしてしまった。息子は夫と一緒に遊びに出かけ、目を離したすきに道路に飛び出してしまった。それ以来、夫も私も悲しみから立ち直れない。自分たち夫婦がこんな状態では、二番めの娘にもいい影響がないだろう。どうしたらいいか——といった内容でした。

霊視してみると、その男の子はとても心配そうに、こう言うのです。

「お母さん、どうかお父さんを責めないで。お父さんも、自分を責めないで。夫婦なんだから、もっといたわり合ってほしい。明るいお母さんと、面白いお父さんが好きだったのに、このごろは違う。そのことがとても悲しい」と。

また、小さな妹についてもこう伝えてきました。

「ぼくの部屋はもうそのままにしておかないで。おもちゃもみんな、妹にあげてほしい。妹のためにも、もとのようなお父さん、お母さんに戻ってね」

どんなに小さな子どもの霊でも、このように大人並みの心遣いをします。あの世で霊というスピリチュアルな存在になってしまえば、もう年齢などないからです。霊には年齢も性別もありません。

私のところには、流産や死産の悲しみを持つ女性も多く来られますが、こうした事情でこの世に生まれることさえできなかった霊にしても同じです。伝えてくるメッセージは、この世の大人よりもよほど大人びていたりもします。

先日見えた女性には、妊娠三か月で流産したという子どものたましいがこう伝えてきました。

生まれていれば男だったようで、男の子の姿をしていました。この女性をとても気の毒がっています。

「そんなに悲しまないで。たとえ短い間でも、ぼくはおなかの中に一度は生まれたんだ。外には出られなかったけれど、この世に降りたことに違いはないんだよ。お母さんは子どもがなかなかできないと言って悩んでいたよね。でもぼくは、お母さんが妊娠できることを教えてあげられた。それだけでもじゅうぶん、意味のあることができたんだよ」と。

その女性が元気になって帰っていったのは言うまでもありません。今、また妊娠できるよう努力しているそうです。

家族を亡くした人たちは、寂しがりやな人ほど「もっとメッセージを聞きたい」、「毎日でも夢に出てきてほしい」と言います。けれどもそれは望ましいことではありません。その気持ちに、依存心がまじっているからです。

メッセージを受け取れたという一度のチャンスを、死者からの愛情としてありがたく受けとめて、あとは自分の人生をしっかりと生きていくべきです。死者からのメッセージを一種のカンフル剤として、残りの人生を力いっぱい、その人の分も生き抜いていただきたいのです。

あの世からのメッセージには、それだけのパワーがあるのです。

私が仲立ちとなってお伝えしたメッセージにより、遺《のこ》された人が新たな人生観、新たな視野を持つ。そういうきっかけを提供できたなら、スピリチュアル・カウンセラーとして、これほど嬉しいことはないのです。

死はすべての終わりなのでしょうか?

「死」について、普段から意識して暮らしている人は少ないと思います。人はできるだけ「縁起でもない」ことは考えないですごしたいものだからです。

それでも、否応なしに「死」を意識させられるときがきます。一つは、身近な人が他界したとき。そして、自分自身に重い病気が見つかったときです。

今回のお手紙は、末期がんで入院中という大阪の四十代の女性からです。

がんが見つかったのは三十代半ばで、すでに進行していた。さまざまな治療の成果もむなしく、ほかの臓器にも転移してきている。医者にもついに死を宣告された。最近ようやくそれを受け容れられるようになったが、それでも「なぜ自分だけが」という思いは消えない。元気なときには死について考えたこともなく、信仰らしいものも特にないので、死が近づいているのがとても怖い――という内容でした。

　このような相談者は、私のところにも数多く来ます。

　自分でも死が近いことを知っている相談者に対して、私は中途半端に慰めたりはしません。代わりに、死とはどういうものなのか、どんな準備をして死を迎えたらいいかをお話ししています。前回書いたような、死者からの通信の例を話すことで、「あの世」の存在をリアルに感じてもらったりもします。

　残酷だと思われるかもしれませんが、そうする理由の一つは、霊的真理に立てば、死は決して忌《い》み嫌うべきものではないからです。

　もう一つは、それがほんとうのやさしさだと信じているからです。死への恐怖にふるえている人たちの心は、自分はこれからどうなってしまうのかといった疑問と孤独感でいっぱいです。そうした彼らのたましいと真剣に向き合うことは、私の重要な仕事の一つなのです。

　あなたは、ご自身ですでにご存じのとおり、寿命を迎えられるようです。以前にも書いたことですが、病気は、スピリチュアルな視点で見ると、三つの種類があります。

「肉体の病気」、「魂の病気」、そして「霊の病気」。

あなたのがんは「霊の病気」で、その中でも、みずからが生まれる前に決めてきた「宿命としての寿命」に根ざしているようです。

お手紙にあった「なぜ自分だけが」と思う気持ちは、同じ境遇に立った誰もが思うことでしょう。けれども、誰もが遅かれ早かれ死ぬのです。それが「いつ」かが違うだけです。

ホスピスの看護師は、患者に対して「がんばりなさいよ」などとは言わず、「私もいずれ死ぬんですよ」という姿勢で接するそうです。「自分だけでなく、みんないつかは死ぬんだ」とわかることで、患者の孤独感が癒えるからなのでしょう。

「死がとても怖い」ともありますが、死とは決して恐ろしいものでも、悲しいものでもありません。死とは「あの世への里帰り」だということを、まず知っていただきたいと思います。

私たちがこの世に生まれた意味。それは、たくさんの経験をして、たましいを磨くためです。その「たましい」のほうが私たちの本質であって、肉体をまとった今の姿は仮のものです。

人生はよく旅にたとえられますが、スピリチュアルな視点から見てもまさにそのとおりです。私たちはみな生まれる前に「あの世」、もしくは霊界（スピリチュアル・ワールド）にいて、そこから学びの旅をしに「この世」に来ています。

だから、「あの世」こそが私たちのふるさとであり、「この世」はいっときの旅先。「あの世」の霊たちから見れば、その旅はほんの短いまばたきほどの間だそうです。幼くして亡くなる人生も、百歳を超えて長生きする人生も、「あの世」の尺度で見れば、ほとんど変わらない一瞬の旅なのだそうです。

また、「あの世」の霊たちは、「あの世」が「ほんとうの世界」で、「この世」のほうこそ「死後の世界」だとも言います。

ですから、もう「この世」の視点だけで生死を見るのはやめましょう。死んで「この世」を去るのは、すなわち「あの世」への里帰り。死の近い人は、「あの世」の霊たちに、「お疲れさま。あなたはもう帰ってきてもいいよ」とやさしく呼びかけられているのだと受けとめてください。

「あの世」へ帰れば、あなたは必ず、自分の守護霊や、類魂《グループ・ソウル》という「たましいの家族」にあたたかく迎え入れられます。

死はすべての終わりでもなければ、孤独になることでもないのです。

自分や愛する人の死に直面したとき、こうした死生観を持っているのといないのとでは、大きな違いがあります。

お手紙に「元気なときには死について考えたこともなく、信仰らしいものも特にない」とありました。日本人の多くは信仰が稀薄なので、いざ死に直面すると、どうしていいのかわからなくなるのでしょう。

それでも最近、ようやく日本でもデス・エデュケーション（死の教育）の重要性が注目され始めています。とてもいいことだと思います。

なぜなら、「死」を見つめることは、「生」を深く見つめることだからです。「死」を見つめなければ、豊かな「生」はありえません。これは、今は健康に暮らしている人にも、ぜひ心に留めていただきたいことです。

今病気でなくても、明日なるかもしれません。思いがけない事故に遭うかもしれません。みんな等しく、死に一歩ずつ進んでいます。

とすると、だらだらと時をすごしている場合ではないと思えてきませんか。

私は三十代半ばになってから、音大に入学し、本格的に声楽を学び始めました。若いときに、いろいろな事情で一度はあきらめた夢を、ようやくかなえたのです。

受験しようと思ったときは、すでに仕事も家庭もありましたから、大きな決意が必要だったことは確かです。けれども私は、ある人たちからすばらしいことを教わったのです。人生を謳歌すること、貴重な「この世」の時間を充実させることが、いかに大切かを。

ある人たちとは、かつてカウンセリングに来ていた三人の女性です。彼女たちはいずれも三十代の若さでがんになり、それぞれすでに他界しています。

死までの数年間、彼女たちの活動には目を見張るものがありました。

一人は、闘病生活をしながらもTVのプロデューサーという激務を続け、死の一か月前には、ステロイドでぱんぱんに腫れた足にスリッパをはいて、友人の結婚式に出席しました。とても気丈な女性で、みんなに好かれていました。「もうがんばれない」と言って私に涙を見せたのは、死の直前の一度きりでした。

ほかの二人も、車いすで旅行に行ったり、杖をついて大好きなデパートに通ったりと、明るく楽しく自分らしく、最後の時間をすごしていました。一分一秒を宝物のようにいとおしんで、残りの「生」を生き切ったのです。

人は死に直面したときに初めて、「あの世」に持ち帰るおみやげを意識し始めるのかもしれません。それは財産でも名誉でもなく、たくさんの経験と、たましいに刻まれた感動だということを、本能で知るのかもしれません。

思いきり好きなことをして自分の時間を輝かせ、思いきりワクワクするような冒険をした人は、いざ死に直面しても、どこかで「もういいや、じゅうぶんやったし」という気になれるもの。

いたずらに死や病気を恐れて小さく生きるのではなく、いつ死や病気が来ても悔いのない、充実した自分でいましょう。「今日死んでも明日死んでも満足」と言える自分でいましょう。

もう、やみくもに死を忌み嫌い、やみくもに病気と闘う時代ではありません。

私は一生結婚できないのでしょうか？

バブルのころに社会生活を始めた女性たちが、今、三十代後半を迎えています。そんな年代の独身女性たちが、このところ同じような相談で来るのです。「結婚したい。このまま一生一人かと思うと、不安でたまらない」と。

就職したころは、会社も世の中も景気がよく、収入もわりと高かった彼女たち。職場での男女格差も一つ前の世代に比べてはるかに少なく、最初からのびのびと能力を発揮していました。仕事に恋愛に趣味にと、いつまでもバリバリにやっていけると強気に信じていた世代です。

ところが不景気になってから将来への不安が芽生え、結婚願望を持ち始めました。でも気がつけば、まわりにはいい男性がいなくなっていて――。

このお手紙もそうした一人からです。

岡山に住む三十五歳の女性。好きな仕事に転職したが、思うようにいかず、収入もがた落ち。まだ親元にいる。今になって、仕事をがんばってきたこれまでの生き方に疑問を感じ始めている。今の一番の望みは結婚だが、ここ何年も恋愛すらしていない。占い師に見てもらったら、「恋愛はできない。見合いです」、「あなたには運命の人などいない。早めに相談所などに行かないと一生独身ですよ」と言われ、ますます落ち込んだ。自分にはほんとうのパートナーはいないのかと思うととても不安です、という内容でした。

冷たいようですが、私はこうした相談者には、「じゃあ結婚すればいいのに」と、まず言いたくなります。結婚したいなら、すればいいだけの話だと思うのです。

それを相談者たちに言うと、異口同音にこんな答えが返ってきます。「出会いがない」、「頼りがいのある男がいない」。

まず一つめの「出会いがない」。これはほんとうでしょうか。自分の中で勝手に作り上げた「運命の人」との出会いがないだけではないでしょうか。

夢を壊すようですが、ただ一人の「運命の人」などいません。スピリチュアルな視点で見れば、自分とかかわる人はみんな縁のある人です。自分のまわりにゴロゴロいる男性たち全員が「運命の人」なのです。

出会いをイメージするときは、あなたが誰か一人とだけ「赤い糸」で結ばれているのではなく、赤い糸がぶらさがった釣り竿を持って、相手を釣るのだと考えてください。

あなたには生まれ持った広い「海」があり、出会う男性はすべてその中を泳ぐ魚です。大物もいれば小物もいます。いい結婚をしたかったら、その中から一番いい魚を釣ればいいのです。

あなたの海が日本海なら、インド洋の魚は釣れません。瀬戸内海なのにカスピ海の魚を求めても無理。でも、あなたの海にも必ず大物がいます。しかもあなたのたましいになじむ大物です。

のほほんと釣り糸を垂れているだけでは大きな魚は釣れません。カツオやマグロを釣りたいのにハゼしか釣れないと言うのなら、岸壁にじっとしていないで、沖に船を漕ぎ出すべきです。

「私には出会いがない」と言う人は、往々にしてこの「大航海」に出ていません。神様がどんなにすばらしい出会いを用意していても、自分で巷《ちまた》に出て人と会うチャンスを広げなければ何も始まらないというのに。

お見合いや結婚相談所のコンピュータ登録で相手探しをすることも、立派な「大航海」です。どんどんするべきです。

たとえばあなたが、自分と年齢の釣り合う、働き盛りのまともな男性と結婚しようと思ったら、これはもう断然お見合いでしょう。

三十代、四十代の男性といえば、今まさに仕事に夢中な時期で、夜中までビルにこもって働いています。昼間の街で「お嬢さん、ハンカチ落ちましたよ」なんて声をかけてくる男がいたら、きっとあやしい人物です。

その意味で今は「お見合いの時代」だと思います。ところがお見合いの不人気なのには驚かされます。お見合いのどこが悪いのでしょう。要はいい相手と出会えればいいのであり、お見合いはそのきっかけの一つの形なのです。世の中にお見合いをする男性が山ほどいるうちの、たった一人が目の前に座っている。これが「ご縁」でなくて何でしょう。

なのに相談者の中には、「私はお見合いじゃないと結婚できないんですか」と泣く人までいます。あなたも占い師にそう言われて「落ち込んだ」とのこと。これぞシンデレラ・シンドロームです。

占い師だろうと、友だちや親だろうと、人に言われた言葉はスピリチュアルなメッセージとして受けとめていただきたいものです。あなたの守護霊が誰かの口を借りて、あなたに伝えている言葉だということもよくあるからです。

あなたは「見合いです」、「早めに相談所へ」と、こんなにはっきりとしたメッセージをもらっています。それに、よくよく考えてください。一生結婚できないとは一言も言われていません。「お見合いでならパートナーと出会えます」と背中を押されているのですよ。

もう一つ、独身女性たちがよく言うのが、「頼りがいのある男がいない」。

当たり前です。今に限らず、男はもともと頼りない、だらしない、弱い存在です。どちらが強いかといったら女性のほうがずっと強い。ひと昔前までの女性はそれをちゃんと知っていました。そのうえで、男性を立てていたわけです。

多くの女性が「俺についてこいってタイプと結婚したい」と言います。けれど、「ついてこいタイプ」の男性と結婚するリスクは考えていません。自分が頼りたい部分に「ついてこい」と言われたいだけ。自分が自由でいたい部分にまで「ついてこい」と言われたら、きっと横暴な男だと思うでしょう。

私が知る多くの女性の相談者や知人を見ている限り、ご主人を尻に敷いて、「お姫さま状態」で好き勝手やっている女性のほうがうんと幸せそうです。そして、喜んで女性の尻に敷かれる男性は、今の時代たくさんいるのです。

結婚相手に頼りがいを求める心には、「依存心」があります。経済や老後への不安もあるでしょう。けれど、そのために結婚を焦るのは大きな間違いです。

人生において結婚や出産を選択する際、大事なのは自分が自立した存在であり続けることです。結婚しても夫と別れたり、子どもを産んでも老後の面倒を見てもらえないことなど十分ありえる話。自立できていれば、そんなときにも慌てふためかずにすみます。

依存心で結婚した人は、きっと結婚後に苦労するでしょう。結婚は「永久就職」などではなく、人生の「修業」の一つだからです。

ここに三人の女性がいるとしましょう。A子さんはもうすぐ結婚、B子さんはもうすぐ留学、C子さんはもうすぐ独立して事業を起こす。スピリチュアルな視点で見れば、三人ともそれぞれの新しい「修業」を始めるところなのです。

どれも同じく大変で、どれも豊かな学びがあります。結婚だけが楽な道ということは決してありません。そう思うとしたら、それは物質的な価値観から来るとても安易な考えです。

自分は仕事という修業を選ぶのか。それとも結婚という修業を選ぶのか。

あなたは今、その選択をする時期なのでしょう。守護霊に「どっちを選びますか？」と聞かれているのです。今ならまだ、仕事と結婚、どちらを選ぶ自由も与えられているのです。

仕事を貫くなら徹底してがんばること。その自信がなければ、本気で結婚を考えること。そのためには「愛のハイエナ」になってでも相手を探すこと。

現実を見て強く生きましょう。中途半端が一番いけません。貴重な人生の時間を、ゆめゆめ無駄にすごさないことです。

子どもができない私は不幸でしょうか？

子どもがほしいのにできない、いわゆる「不妊」に悩む夫婦は多くいます。

私も実にさまざまなケースを見てきました。そこで言えるのは、この問題はケース・バイ・ケースであって、一概にどうとは言えないということです。

それは、一人ひとり、この世に生まれてきた「目的」が違うからです。人はみな独自のスピリチュアルな目的を持って、この世に生まれてきています。生まれる前に、自分のたましいに必要な学びのカリキュラムを組んでくるのです。

男に生まれるか、女に生まれるかも、みずから選択します。このときに女を選べば、個々人のテーマのほかに、「母性」というすべての女性に共通の学びを持つことになります。男性なら「父性」です。

では「母性」は子どもを産み育てなければ学べないかというと、そんなことはありません。「子どもを持つことで学ぶ」人と「子どもを持たないことで学ぶ」人の二通りいるのです。どちらも同じ学びであり、Aの授業に出るか、Bの授業に出るかの違いにすぎません。

スピリチュアルな視点で見ると、婦人科の病や不妊症になる人は、「母性」を持つという学びに、とりわけ熱心に取り組んでいる人たちだといえます。子宮内膜症なども最近多いようですが、それ自体、今の世の中が「母性」を見直すべきときに来ているという、スピリチュアル・ワールドからの警告なのでしょう。

「母性」はいつの世にも必要な、大きな愛のエネルギーです。だから、子どもがいる人は子どもを育てながら、子どものいない人はいない中で、「母性」を育《はぐく》む修業をする必要があるのです。

ただし、実際に不妊に悩む方たちを見ていますと、産まないカリキュラムも存在することを知らないため、暗中模索《あんちゅうもさく》にはまってしまうことが多いようです。「お子さんはまだ?」というまわりからのプレッシャーもあるでしょう。友だちみんなが親になる中で、自分だけ取り残された気持ちにもなるでしょう。「子どもがいない」という現象面にばかり、ひたすらこだわってしまうようです。

そういう方たちに伝えたいのは、子どもがいれば幸せで、いないから不幸と思うのは「物質主義的価値観」であって、その考え方には絶対に陥らないでほしいということです。

世間の人は、まるで人生を一本しかない路線のように思い、大人になったら結婚、結婚したら子ども、子どもができたらマイホーム、と単純に考えがちですが、それは大きな間違いです。前回の「結婚」と同じで、「子どもを持つこと」も人生の選択肢の一つにすぎないのです。

子どもがいる人いない人、それぞれの人生に喜びと苦労があります。けれども両方の人生をトータルで見れば、プラスマイナスが相殺されて大差はなくなると思います。何の苦労もなしに自然に子どもを授かった人も、子育てには子育ての苦労があるでしょう。いっときの現象だけを見て幸不幸を言うのは意味がありません。

不妊に悩む女性の中には、子どもの写真つきの年賀状は見るのもいやだと言う方もいます。また何年か前に、赤ちゃんが出てくるテレビＣＭが不妊の夫婦に「つらくて見たくない」と不評だったため、放映打ち切りになったという話も聞きました。

人情としては、そうした気持ちもわからなくはありません。けれど、どうかここで、より大きな愛の心を持っていただきたいのです。子どもを自分で産み育てたいくらい好きならば、他人の子どもでもかわいいはず。自分に子どもがいないから、よその子をかわいく思えないというのは、厳しい言い方をすれば、「みんなが持つものを私もほしい」という物質主義的価値観の裏返しとは言えないでしょうか。

その心を乗り越えて、どの子どもも心からかわいいと思えるようになることが、まさに先ほど書いた、「子どもをもたない中で母性を育む」修業なのです。

山形からお手紙をいただきました。

自分と夫は今四十代前半で、ともに飲食店を営んでいる。子どもができず、何度も不妊治療をしたが出産に至らない。これ以上無駄な時間とお金を使い、身体を傷つけることを、このごろは疑問に思い始めている。商売は順調だし、これ以上を望むのは分不相応ではないかとも考える――とのこと。

不妊治療で子どもを授かろうという努力を、私は否定しません。あの手この手の治療で妊娠できなくてあきらめてしまった相談者でも、その人が子どもを産むカリキュラムを持っていれば、もう一度人工授精にトライするよう励ましたりもします。それで実際に妊娠した人はたくさんいます。

けれど、産むカリキュラムがない人もいるのです。そういう人が不妊治療に飽くなき追求をしてしまえば、お手紙にあるように、人生の時間を無駄にすごすことになりかねません。

そういうご夫婦がどうしても子どもを育てたいと望んでいたら、私は養子をとることをおすすめしています。

養子縁組は、欧米ではわりと普通ですし、日本でも最近はずいぶん増えています。私の相談者にも、実際に養子を迎え、にぎやかな家庭を築いているご夫婦が何組かいます。

世の中には子のない親と、親のない子がいる。その双方が「養子縁組」で親子になれるのは、とてもすばらしいことです。自分のおなかを痛めることや血のつながりにこだわるのは「物質的な価値観」。地球上に大勢いる親のない子の中から、たった一人がわが家に来るのです。それはまさにスピリチュアルな導きによるもので、おなかに宿るのと同じくらい奇跡的な縁だと知ってほしいのです。

お手紙に添えられていた写真を見ると、あなたたちご夫婦は非常に仲がいいようですね。子どものない夫婦は、いい意味で、まるで幼い兄妹や姉弟のように仲良く寄り添って生きていることが多いのですが、あなたたちもそのようです。

ご主人はどちらかというと表現が苦手。あなたがご主人をもり立てて商売をここまで大きくしたようです。ご主人の世話も実によく焼いていますね。

あなたにとっては、ご主人が「大事な息子」のようなものです。養子をとるのも一案ですし、ご主人を立派に育てるという今のあり方も、ずっと大切にしていただきたいと思います。

二人の「店」もあなたたちが育てている「子ども」ですね。これからも成長しながら、喜びや苦労を味わわせてくれるでしょう。

「子ども」はこのように、人格でない場合もあるのです。このご夫婦なら「商売」ですし、人により「仕事」や「研究」であったりもします。夫婦で力を合わせて育めるもの、二人のたましいをも成長させてくれるものはみな、スピリチュアルな意味での「子ども」なのです。

日々の相談の中で思うのは、当たり前のように子どもを授かった夫婦より、不妊で悩んだ夫婦のほうがよほど幸せかもしれないなあということです。

子どもの悩みで来る相談者は、「お受験」だの何だのと言っては、自分の思いどおりにならないと苦しんでいます。子どもを私有物のように思い込んでいるその姿こそ、私には不幸に思えてしまうのです。

苦労の末に子どもを授かった人には、子どもの出来など二の次。ただいてくれるだけでその「命」を心から慈《いつく》しめるものです。最終的に子どもをあきらめた人も、そこに至るまでに人間的に大きく成長します。すべての子どもをわが子のようにいとおしめる、そんな大きな愛にさえ近づけたご夫婦もいます。

子どもがいてもいなくても、女性は「子ども」のことで悩むもの。それは「母性愛をふくらませましょう」という、非常に大切なたましいのレッスンなのです。

自分がいやな私はおかしいですか？

自分の性格がいやでたまらない、というお手紙をいただきました。埼玉に住む三十一歳の女性からです。

小学校のころから、誰か一人をとことん追いつめたり、責めてしまう癖があった。そのせいで何度も先生や友だちの親に呼び出され、転校させられたこともある。中学では教師に反抗して自宅謹慎。就職先でも職場の人と合わず、人事部を巻き込む大騒ぎになった。

最近では不倫の末の妊娠、中絶。相手とはまだ切れず、離婚できない彼を責めに責め、相手も手に負えなくなっている。

子どものころから母親が恐くて逆らえなかった。母親も、人を責めたり追いつめたりする性格。父は自分が中学生のときに自殺した。小学校に入るまで朗らかだった自分がこうなったのも、母親のせいに違いないと思う。

母親に不倫がばれて以来、母親の監視がいっそう厳しくなり、会社と家を往復するだけの毎日。家にいる間はトイレとお風呂以外、いつも隣に母親がいる。このまま自分は母親の奴隷として一生すごすのか――との内容でした。


安心してください。あなたはとてもいい勉強をしているのですよ。自分が嫌い。こう思うことは、スピリチュアルな視点で見てとてもいいことなのです。

私たちはたましいを輝かせるためにこの世に生まれてきています。過去世で学び足りなかった部分や、直せなかった欠点を反省し、もう一度やり直すチャンスを得てきたのです。これ以上何も学ぶことはないという完璧なたましいなら、生まれてくる必要はありません。

人間はこの世に生まれると、生前に決めた自分の人生のテーマなど、幸か不幸かすっかり忘れてしまいます。ですから自分のテーマを自覚するには、この世の暮らしの中でみずからの欠点に気づく必要があります。

その際ヒントとなるのは、自分がどんなトラブルによく遭うか、どんなマイナス感情によく陥《おちい》るかです。それでつくづく、「ああ、自分っていやだなあ。何でいつもこうなんだろう。なんとかしなくてはいけないなあ」と思う。その気持ちが学びの出発点となるのです。

ですから逆に、「自分の性格が好き」という人はいつまでたっても学べません。トラブルを他人や環境のせいにばかりしている人にも進歩はありません。

また、自分を無自覚に嫌っている人も要注意。そのエネルギーが身体に潜伏して、病気になることもあるからです。

でも、何よりも一番いけないのは、「自分が嫌い」と言いながら直しもせず、いつまでも同じ過《あやま》ちをくり返すこと。そういう人はほんとうはわかっていないのです。

あなたも今まではそうでした。たび重なるトラブルの中で、自分の欠点をいやというほどわかっているのに、ただくり返すことしかできなかった。

でも、こうしてお手紙をくださった今、何かが変わろうとしています。「自分が嫌い」と思うスタート地点から、一歩前に出ようとしているのです。

これまでに何度も書いてきたように、人は「愛の電池」です。愛が足りなくなると誤作動を起こします。満たされない思いをほんとうは「愛」で埋めてほしいのに、物欲に走ったり、食欲に走ったりしてしまうのです。

あなたの場合は、「トラブル」で満たされようとしています。霊視しますと、自分はなぜいつもこうなのか、ほんとうはどうすべきなのか、実はわかっているようですね。なのにわざと歪《ゆが》んだ行為に出ている。トラブルメーカーやきらわれ者のキャラクターに甘んじて、妙な安心感を得ています。

気の毒なことですが、あなたにとって、騒ぎを起こして周囲の注目を集めることが、「私を見てくれている」と自覚し安心するための手段として習慣化してしまっています。人を巻き込み、困らせ、怒らせ、嫌われても、無関心でいられるよりは心地よいのでしょう。

それもこれも、小さいときから、真の意味で自分を見てくれているという愛情を、誰からも感じたことがなかったからです。ほんとうはたましいが「寂しい」とSOSを出しているのです。

私からのアドバイスの一つめは、「母親からの自立」です。

あなたのご両親にはトラブルが多く、子どもにも干渉ばかりで、ほんとうの愛情や関心を注いでいなかったのは確かでしょう。でも「一生奴隷」は大げさです。座敷牢にいるわけでなし、ただ単に自立すればいいのです。

それができないとしたら、「離れられない自分」があるせいではないでしょうか。どんなに嫌いでも親は親。かけがえのない人であり、離れるのは寂しいものではあるでしょう。経済的にも頼りたいのかもしれません。

けれど、壊れている親子関係はそう簡単には修復できないもの。気持ちを切り替えないと、いつまでも事態は変わりません。親から学ぶべきことがわかったら、もう依存し合うのをやめて距離を置きましょう。変わりたいなら自分の足で歩き始めるしかないのです。

もう一つお勧めしたいことは、素直な自分に戻って、他人とあたたかいかかわりを持つことです。

トラブルのかたちを借りたSOSを出し続けるのはもうやめましょう。そうすることによって、ほんとうの幸せを得ることをあきらめてはいませんか。自分には世間一般のノーマルな幸せなど無縁だと決めつけていませんか。そのネガティブな波長が、よけい幸せを遠ざけていることにも気づかねばなりません。

今までのあなたのように「自分が嫌い」で止まってしまい、人とのあたたかいつながりを避けている人は少なくありません。表面では強がりながら、ほんとうは心からのふれ合いを恐れているのです。

けれどもスピリチュアルな視点で見れば、誰もが愛されるべき存在であり、愛されるために生まれてきています。誰にも自分を輝かせる道はあるのです。

へそ曲がりな心を捨て、「幸せになろう!」という、ごくシンプルな気持ちで行動しましょう。それがプラスの波長を生み、いい縁を引き寄せます。真の理解者にも必ず出会えるはずです。

あなたのように親との関係がよくなくても、昔なら近所に気のいいおじさんがいたり、お節介なおばさんがいて、気遣い、励ましてくれたものです。ところが今の日本、特に都会では人間同士のかかわりがとても稀薄になっています。

でも、時代がどう変わろうと、人が「愛の電池」であることには何ら変わりはありません。稀薄なかかわり合いの中でも、少しでも電池を満たし合える相手と出会えるよう、つねに心を開いていてほしいのです。

どんなに孤独を感じているときも、守護霊をはじめとする類魂《グループ・ソウル》は、あなたを見守っていますし、あなたのまわりに人生を変えてくれる「誰か」との出会いを必ず配置してくれています。

まわりを見渡してみてください。あなたにほんとうのことを言ってくれて、あなたを心から理解しようとしてくれる人がきっといるはずです。

出会ったばかりの友だちや、年の離れた趣味の仲間かもしれません。私のようなカウンセラーかもしれません。

恐れずに人と出会い、かかわり、「愛の電池」をためてください。恋愛や結婚はその後です。恋愛や結婚はある程度「愛の電池」がたまってからでないと、相手に依存しすぎる結果となり、うまくいきにくいのです。

あなたはそのことも十分にわかっているようですね。お手紙に書いてありました。「最近、自分の家族を持つという夢ができました。その前に母を乗り越えなければならないのでしょうか」と。

そのとおりです。そのために、今が心を開くときですよ。

苦労は実りになるのでしょうか？

神奈川に住む四十歳の女性からお手紙をいただきました。数々の不幸から、私を助けてくださいという内容です。

二十七歳のときにがんで手術。三十五歳のとき、夫がマンションのローンと娘を残して出て行った。三十九歳で離婚成立、マンション売却。一息ついたら、医療ミスによる母の死去。さらに、再婚しようと思った男性にだまされ、仕事も失い、新しい職はまだ見つからない。現在十四歳になる娘との二人暮らしだが、その娘の反抗が今一番の悩み――。

なるほどたくさんの苦労をかかえておられます。大変だろうと思います。

けれども私には、これらのことに対するあなたの受けとめ方がいまひとつ腑に落ちません。「引っ越したアパートに原因があるのでしょうか」、「生き霊が私の幸せを邪魔しているのでしょうか」、「私は自殺する宿命なのでしょうか」。

このように考える前にもっとしっかり現実を見据え、一つ一つに大人として対処していってほしいのです。

二十代でがんになり、また、お母様が医療ミスに遭い、ほんとうに大変な思いをされてきましたね。けれども、厳しいようですが、それ以外はあなた自身が招いた部分がなきにしもあらずですよ。

まず、男性を選ぶときにしっかりと人物を見抜いてきたでしょうか。ローンと子どもを残して出て行く男、再婚を期待させて去る男に対し、あなたの目に甘さはなかったでしょうか。

仕事が見つからないとあります。でもそれは、職種や条件を選んでいるからではないでしょうか。

あなたの言う「自殺する宿命」など存在しません。人生はたくさんの経験をして「生き抜く」ためのものです。その中には苦労も当然あるでしょう。

その「苦労」とは、本来はたましいを磨いてくれるはずのものです。でも、他人や何かのせいにばかりしている人には、苦労が「実りある苦労」とはなりません。無反省や不平不満は、新しい苦労を呼ぶだけです。

昔からある言葉で「苦労は買ってでもするべき」というものがありますが、あるときあの世にいる私の母はこんなメッセージを送ってきました。「苦労なんてするものじゃないね。なぜなら世の人は買ってでもする苦労をしていないから。しているのは自分が招いた苦労ばかり」。

これを聞いて「なるほどな」と、私は思ったものです。確かに苦労には、自分を磨いてくれる苦労と、自業自得《じごうじとく》とも言うべき不毛な苦労があります。そしてほとんどの人は、不毛な苦労ばかりくり返しているものなのです。

ここいらで心を切り替えて、今ある苦労を、どうせなら実りある苦労とする道を選びませんか。

あなたの顕在意識とは裏腹に、あなたのたましいは今、懸命に成長しようとしているのですから。

今回はお手紙の中の「子どもが反抗する」に焦点を当ててみましょう。

親子の問題を考えるのに欠かせないスピリチュアルな視点があります。それは、人間の年齢には「肉体の年齢」と「たましいの年齢」があるということです。「肉体の年齢」は単純に、この世に生まれてからの年数。「たましいの年齢」は、前世も含めたその人のたましいが、これまでにどれだけの経験を積んで成長してきたかの度合いです。

ですから、たましいの幼い大人もいれば、たましいの年齢の高い子どももいます。子どもだからといって、思いやり考えまで幼いとは限りません。親子で「たましいの年齢」が逆転していることなど、それこそザラにあるのです。

同封されていた娘さんの写真を霊視すると、たましいの年齢の高さや、真っ正直な性格がうかがえました。そして今、とても苦しんでいます。母親、つまりあなたが超マイペースで、何を言っても理解してくれないことにいらだっているのです。

たましいの年齢の高い子は、親に意見するものです。それをただの「反抗」と決めつけるのは早計です。娘さんの意見に耳を傾けてごらんなさい。よほど正論を言っているように私には思えます。

「子どもの反抗」の相談で結構多いのは、親が子どもをまるでわかっていない場合です。よくドラマにもありますね。子どもが親に向かって「るせーな。うぜえんだよ」

と本気で言っているのに、親は「まあ、○○ちゃんったら、はずかしがっちゃって」などとトンチンカンに応じる。親が子の人格を認めず、自分の望みどおりに育っているはずと思い込んでいるので、まるでかみ合わないのです。

夫婦仲が悪い家庭でも、子どもの反抗がよく起こります。こうした家では母親が夫を愛する代わりに子どもを溺愛しがちなのですが、その実態は、精神面において母親が子どもに逆にお守りしてもらっているのです。そのうちに子どもが「冗談じゃない、親のお守りなんてやだよ」と反抗し始めるのも無理はありません。

また、優等生として育った親が、出来のよくない子を持った場合にもこの問題はよく起こります。できない子の気持ちが親にはわからないから、子どもが反抗するのです。この場合、学ぶのは親のほうです。自分には当たり前にできたことが、みんなにできるわけではないということを学ぶのです。親が人間的に成長して謙虚さと寛容さを備えると、不思議と子どもの反抗もおさまるものです。

総じて言えるのは、子どもの反抗は「ほんとうの自分をちゃんと見てほしい」という心の叫びだということです。「愛の電池」が不足してしまっているわけです。親がどんなに溺愛しても、どんなに干渉しても、それは親のエゴであって「愛」ではありませんから、「愛の電池」はたまっていきません。

親への反抗、家庭内暴力、非行など、表面的な現象だけ見て慌てふためかないでください。原因が必ずあります。恐ろしい、異常だと騒ぐほど、子どもの心の叫びは聞こえなくなります。

子どもというものは、わかってもらえるまでくり返します。親は何があっても落ち着いて、これは自分と子どもにとってのどういう学びなのかを考えてください。そして、自分が子どもの訴えに気づかない鈍感な親であったことを反省してください。

子どもはまだ語彙《ごい》も少なく、表現も巧みではありません。だから精一杯の表現が伝わらないと、いらだって暴れるしかなくなることもあるのです。

こんな想像をしてみてください。

レストランに入ったとします。なかなか水が出てこない、注文しても無視される、やっと持ってきたと思ったら、水を服にこぼされた。ウェイターはわからずやで、頼んだメニューと違うものを持ってきた。仕方なく食べたらとんでもなくまずく、しかも料金が法外に高かった……。

これでは誰でも腹が立ちます。言葉で言ってもだめだとわかると、テーブルの一つや二つひっくり返したくなりますね。反抗したり暴れたりする子どもは、つまりこういう心理状態なのです。子どもをわかってあげられない親は、さしずめ客の気持ちに鈍感で無関心なこのウェイターです。

子どもに正しい意味での「関心」を寄せていれば、すれ違うことはありません。子どもへの「無関心」は、親として最大の罪です。似たものに「無視」がありますが、無視は子どもを意識しつつ無言で闘っている状態ですから、まだ仲がいいといえます。「無関心」は、溺愛や過干渉といった親の自己中心的な愛の中にも存在しうる、実にたちの悪いものです。

子どもとのこじれた関係を修復するには、距離を置いてお互いに客観的になるのもいいでしょう。そうすれば子どもへの正しい関心も生まれ、「おまえの人生はおまえのもの」と大らかな心で応援できるようにもなります。

子どもたちは、親のそんな愛をこそ求めているのです。

心の迷路から抜けられますか？

人間はときに出口のない「迷路」にはまり込んでしまう弱い存在です。

浪費、ギャンブル、過激なダイエット、過食、浮気、飲酒、家族への暴力、職を転々とする、などなど、迷路の種類も人によりさまざまです。

わかっていてもやめられない、まわりが止めてもくり返す、どこまでやっても満足できない……。これは本人にとっても、家族など身近な人間にとっても、大変につらいものです。

いったいどうしたら、この連鎖をくい止めることができるのでしょうか。

今回は、父親がすぐにうまい話にのってはお金を巻き上げられているという、福井の三十代の女性からの相談です。

父親はいつも、株だの投資だのと甘い話を持ちかけられては、多額のお金をだまし取られてしまう。そのたびに借金がふくらみ、ついには家や土地を手放さなければならなくなった。なぜいつまでたっても嘘を見抜けず、性懲《しょうこ》りもなく同じ目に遭ってしまうのか理解できない、という内容でした。

まずはお父さんのこれまでの人生を霊視しました。すると視《み》えてきたのは、お父さんの孤独な子ども時代でした。親兄弟の絆が稀薄な家庭で、あたたかい家族愛を知らずに育ってきたのです。それはお父さんの代に限らず、代々そうだったようです。借金癖は、こうして育ったお父さんの「愛の電池」不足で誤作動を起こした結果です。

もちろんお父さんも一人の大人ですから、お金を儲けようという野心がないわけではありません。

でも何よりも「やめられない」のは、儲け話を持ちかけられるときの親しげなコミュニケーションです。下心があるとはいえ、自分をわざわざ訪ねて語りかけてくる。そのいっときの交流によって、子どものころからの寂しさを満たしたい気持ちがあるのです。ヤクザ風の男に「俺の言うとおりにしろ」と脅されることにさえ、どこかで快楽にも似た安堵を感じているようです。

お父さんは気づいていないかもしれませんね。立派な大人になって、結婚をして家庭も築き、それでも自分の心の中には、子ども時代の寂しさが解決されないままあることを。

そしてもう一つ、実は霊的な原因がからんでいます。すでに亡くなっているお父さんの父親、つまりあなたにとってはおじいさんにあたる方が、お父さんに「憑依《ひょうい》」しているのです。

代々家族愛の稀薄な家系なので、おじいさんもお父さん同様「愛の電池」が満たされない孤独な人生でした。それでお父さんとまったく同じように、しょっちゅうだまされては、お金を巻き上げられていたようです。

生きている間に満たされなかったおじいさんの寂しいたましいは、亡くなったあとも浄化されず、この世をさまよい続けています。さまよう霊は、まさしく「類は友を呼ぶ」で、同じような心を持った人間に憑依します。

おじいさんの場合は、同じような家庭環境で育った自分の息子に憑依したわけです。そして、息子と二人羽織《ににんばおり》の状態で、だまされてはお金を巻き上げられることを延々とくり返しているのです。これは何も珍しいことではありません。先祖の霊が子孫に憑依して飲酒や遊びを際限なく続け、そのために代々酒飲みだったり、代々女癖が悪かったりする家系は、よくあるものです。

では、霊能者がおじいさんのたましいを浄霊すれば、このお父さんは良くなるのでしょうか。

いっときは良くなるでしょう。でもお父さんの心のあり方が変わらないかぎり、残念ながらまたもとに戻ってしまい、おじいさんの霊か、別の似たような霊が憑くことは目に見えています。

そもそも心のあり方が憑依を招くのです。となれば、お父さんの心のあり方と憑依の両方を、同時に癒していかないといけません。

さらには、この家の「家族愛が稀薄」という悪しき伝統も断ち切る必要があります。このままでは、また子孫に伝わっていってしまいます。

冒頭に書いたような他のさまざまな「迷路」も、たいていの場合は本人の心のあり方と憑依という二重の原因をもって起こります。

実は、私が「霊能者」とはあまり名乗らず、みずからを「スピリチュアル・カウンセラー」としている理由はそこにあります。つまり、霊能力を使って憑依を解決することよりも、生きている本人の心をカウンセリングで癒していくほうが先決だと考えているのです。

それが成功すれば、自然と憑依霊のほうも癒され、浄化して離れていくものです。これが一番きれいな浄霊のパターンといえるでしょう。

もちろん憑依現象があまりに強いときには、まず除霊をします。けれどもそれは応急処置としてです。ただ単純に霊をとり除いて終わりという、臭いものに蓋《ふた》をするような曖昧なやり方は、本来好きではありません。根本的な解決にはならないからです。

カウンセリングによって本人のたましいが目覚めた結果、その人のすべてが好転することもあります。悪しき「迷路」から脱出でき、憑依霊も浄化し、さらには心の荒れが原因だった病気や家庭不和までが改善されるのです。

私はいつも思います。「たましいの乱世」といえる今の世に必要なのは、心理学的アプローチをするカウンセラーと、私のようなスピリチュアル・カウンセラーが協同することではないかと。スピリチュアルな思想の先進国であるイギリスでは、すでにそれが行われています。けれど日本はまだまだです。そのため私は「二足の草鞋《わらじ》」状態で両方を兼ねてきたわけですが、身一つではなかなか大変です。

このごろは少年犯罪を専門とするカウンセラーなどが、私のところに相談に見えたりします。今抱えている少年の問題が、どうしても心理学的アプローチだけでは解決できない、霊的な背景も視野に入れる必要があるのではないか、と考えに考えた末、うちに来られるのです。

こんなふうに、霊的なことに理解や関心を示すカウンセラーが増えつつあることを、私はとても嬉しく思っています。この傾向がさらに広がり、両者の協力関係、分業体制がいつか確立してほしいと願うばかりです。

本題に戻って最後に一つ、カウンセラーも霊能者も必要とせずに「迷路」を脱出できる可能性があるという話をしましょう。

それは、悪しき伝統のある家系に、救いの存在として、たましいの年齢の高い子が生まれた場合などに起こります。

家族が問題に巻き込まれたときに、みんなが「伝統」の行動パターンをくり返すのみという中で、その子だけは違った反応に出ます。それにより、問題を起こしている本人や他の家族のたましいが一気に目覚めさせられるのです。

たとえば酒乱の父親を心配して、大人のたましいを持った娘が大泣きしながら酒をやめるよう説得する。するとお父さんの胸に、その真正面からの深い愛がグサッと刺さります。「娘がこんなに自分を思っていてくれる。それなのに自分はいったい何をしていたのか……」と、強いショックを受けるのです。

それは、長いことバッテリー不足でＳＯＳを出していた「愛の電池」が一度に満たされ、憑依していた霊さえも離れるという劇的な瞬間です。「ショック」は、霊的にもパワーがあるのです。

「あのうちのお父さんは昔は酒乱だったけど、あのときの改心を境に、今は一滴も飲まなくなったね」というような話があるのも不思議ではありません。

愛の力はそれだけ強いのです。人間は、愛によってのみ変われるのです。

親の離婚は子どもの不幸？

日本人の離婚率が上昇し、欧米並みになりつつあると言われます。「私はバツイチ」と明るく宣言し、新しい人生に踏み出す女性も珍しくなくなりました。

その一方で「子どものために離婚できない」と悩む人も実に多く、私もどれだけそうした相談を受けてきたかわかりません。子どもに経済的な苦労だけは味わわせたくない。父親がいないことで寂しい思いをさせたくない。さまざまな思いが胸に交錯し、夫への愛情が冷めきっていても、どうしても離婚に踏みきれないと言うのです。

こうなったら道は二つに一つしかありません。どちらにしても自分自身が責任主体であることを忘れずに、肚《はら》をくくって選んでください。

一つは、何がなんでも子どものために離婚しない道。こちらを選ぶなら、どうか子どものために一生懸命、愛情あふれる明るい家庭を築いてください。そのためなら、どんなにバカボンな夫でもキムタクと思い込んで生きることです。

それが無理なら残るは一つ、子どものために潔《いさぎよ》く離婚する道です。一人で育てる覚悟を決めるのです。この場合も、ぜひとも愛情あふれる明るい母子家庭を築いてください。

子育てにとって一番大切なのは、母親が太陽のように輝いていることであって、離婚するしない、父親がいるいないは、二の次なのです。

中途半端が一番いけません。離婚はいけない、添い遂げなければいけない、などという古い倫理観に縛《しば》られて、昔のドラマにありがちな、いかにも「耐えてます」ふうに生きる「陰のある女」にだけはならないでいただきたいものです。

子どもにとってもこの中途半端が一番つらいのです。疲れた父、耐えている母。私の相談者の中にも、そんな両親のもとで「早く離婚してくれればよかったのに」と思いながら大人になった人はごまんといます。離婚しないでほしいと思っている子どものほうが、むしろ少ないのではないかと思うくらいです。

前にこんな相談がありました。息子の非行に悩む母親からです。その息子さんは、霊視したところ、かなりの母親想いでした。だからこそ父親にひどい暴力をふるわれ、「出て行け」とまで言われているのに、じっと我慢している母親の姿が許せないでいたのです。

子どもにとって母親は、太陽のように大きな存在です。自分を産んで育ててくれた尊敬すべき存在です。その母親が子どもの目の前でぶんなぐられ、あざまで作っているのに、なおも父親に服従しているのを見ると、やりきれなくもなるでしょう。それで子どもは父親も母親も尊敬できなくなり、グレてしまったりするのです。

もちろんそれでも両親が愛し合っているなら子どもも救われます。「お母さん、なぜ別れないの？」との問いに、「結局お父さんを愛しているからよ」と返ってくれば、それはそれで「なあんだ、バカップルだなあ」と苦笑しながらも、なんだか嬉くて、安心して暮らしていけるのです。

それを、「つらいけどあなたのために別れないのよ」などと言われたら、子どもには重荷になるだけ。自立していない母親に、うんざりしてしまうことさえあるでしょう。

スピリチュアルな真実として知っていただきたいのは、「子どもは親を選んで生まれてくる」ということです。もし母子家庭になったとしても、離婚したせいで子どもがおかしくなるということはありません。なぜなら、そのくらいの困難に立ち向かえるたましいが、親を選んで生まれてきているのですから、問題はあくまでも、あなた自身の生き方なのです。

子どもは親を選んだことなど、この世に生まれてからは忘れていますから、「なんでパパと離婚したの」、「どうして僕にはお父さんがいないの」と、母親を責めたりもするでしょう。けれども子どもはそこで学んでいるわけです。父親のない環境で育つ大変さや、母親と力を合わせて生きる喜びを、たくさん経験しようとしているのです。そのような視点も含めて、実際に「子どものため」なのはどちらかを見つめ直していただきたいと思います。

今回のお手紙も、こうした悩みを持つ埼玉の女性からです。子どもは三人。婿養子として迎え入れた夫なので、こちらからは離婚できないと言います。

自分と夫は一方的な親たちの薦《すす》めで、政略結婚ばりの結婚をした。継母《ままはは》に半ば脅され、売り飛ばされるような勢いでの結婚だった。結婚前からうまくいくとは思えなかった夫だが、その危惧は現実化し、ずいぶん長いこと会話のない険悪な家庭になってしまっている。

　夫は半年前に会社を辞めたきり、新しい仕事に就こうともせず無気力にすごしている。子どもにまで八つ当たりするその姿に自分はうんざりし、軽蔑もしている。財産目当てで結婚した夫なので、自分たちの代になったら途端に人が変わったようになり、自分を邪険に扱うのだろう――という内容でした。

　まず思うのは、あなた自身が一人の大人として自立できていないということです。きっとお金持ちの家で、お嬢様として育てられたのでしょう。それが災《わざわ》いして、いざというときに自分の意志で行動できない弱さがあるのです。それで好きでもない男性との結婚に甘んじ、子どもも三人産み、流されるようにここまできてしまったのが今までのあなたとはいえないでしょうか。

　霊視をすると、厳しいようですが、資産家育ちとしての傲慢さもなくはないようです。夫に対して「どうせあなたはうちの財産を目当てに来たんだから」と、言葉にはしなくても、態度に表している様子を感じます。

　となれば婿に来ているほうだって、男としてのプライドを傷つけられます。ご主人を霊視すると、それほどいやな人間に見えません。どうも「どうせおれは」と、ふてくされているようなのです。

確かに今のままでは子どもたちがかわいそうですね。ご主人がいつまでたっても働かず、あなたも「素敵な人」と思えないのであれば、本気で離婚を考えてください。いつまでも「離婚したいのにできない……」なんて悲劇のヒロインの気分に酔いしれていたら、事態は変わらないどころか泥沼化するだけです。

政略結婚のようだったとありますが、今やいくらなんでも親に逆らえない歳ではありません。ご主人が同意しないなら、資産を持ってこちらから出て行けばいいのです。または慰謝料を払って、ご主人に出て行ってもらう方法もあります。

今とるべき行動はいくらでもあるはずです。なのに文面を見ていると、あなたが本気で離婚したい人らしからぬ行動ばかりしているのが気になります。

「有名人も信奉する高名な住職がいる寺で、護摩行《ごまぎょう》を行って祈願した」など、あたかも魔法をかけたような人生の転換を求めています。目覚めてください。護摩行より、まず弁護士に相談するのが現実的ではないでしょうか。ご主人が働かないなら、働かない理由をしっかり見極め、もし裁判になっても対処できるような準備を進めるほうが、賢明ではないでしょうか。

人間、泣いているうちはまだだめです。究極の苦境に置かれたとき、人間は涙も出ません。とっさに「どうしよう」と策をめぐらすものです。必死に手だてを考えるものです。

あなたはまだそこに立っていないのです。その意味で、それほど深刻ではないのかもしれません。どこかで今のままでいいと思っているのかもしれません。

このままでいいのか。いけないならば具体的にどう行動したらいいのか。

お子さんたちのため、あなた自身のため、冷静によく考えてみることです。

なぜお金で問題が起きるのでしょうか?

お金にまつわる相談の中で多いのが、「貸したお金が返ってこない」というものです。相談者たちは腹立ちまぎれに言います。「信用して貸したのに裏切られた」、「あんなに困って頼ってきたから助けてあげたのに」と。

こうした言葉にも表れているように、金銭トラブルには人間同士の感情が必ず絡《から》み、問題をさらに複雑にしています。長年かけて築いてきた信頼関係や親しい間柄が、お金という「物質」によっていとも簡単に損《そこ》なわれてしまうのですから、実に悲しく、やりきれない気持ちになるのはよくわかります。

そうならないためにも、多額のお金は、基本的に貸さないに越したことはありません。

もちろん、身近な相手であればあるほど、困っているのを放っておけないという気持ちになるでしょう。けれどもそこはいったん冷静になり、貸すことが果たして本人のためになるのかどうかを見定める必要があります。

本人に浪費ぐせ、借金ぐせがある場合は、特に慎重になってください。ギャンブルぐせ、ショッピングシンドロームのある相手に貸すのも考えものです。

彼らの財布がピンチになるたびに、周囲の人間がお金を貸してその場をクリアしたところで、何の解決になるでしょう。いつも人に応急処置してもらっていたら、本人は味をしめて、ルーズな金銭感覚から抜けられなくなるばかりです。

誰からも借りられず、たとえば破産宣告をするはめになっても、目覚めや立ち直りのきっかけになるならば、そのほうが後々の本人のためです。

相手を信頼できると見て貸す場合もあるでしょう。そんなときも、気持ちのうえでは、プレゼントだと思って気前よく渡すことをおすすめします。「いつ返してくれるのかな」とやきもきしながら暮らすより、返ってくるもよし、こなくてもよし、というくらいの大らかな気持ちでいたほうが、後々のお互いのつき合いのためにはいいのです。

「人にお金を貸すときはあげたものと思いなさい」という言葉もあります。お金は貸した時点で返ってこないと思っていたほうが賢明といえるのです。

では、ここまでのまとめを。多額のお金は、貸す前によく考える、基本的には貸さない、貸すならプレゼントと思う。以上三点を参考になさってください。

長いお手紙をいただきました。実父に貸した大金を返してもらえないという、熊本の三十代後半の女性からです。

父は若いときから自分で商売をしていたが、バブル崩壊で不振に。それでも父は、羽振りの良かった時代と同じように遊び、散財していた。ついに資金が底をつき、借金生活が始まった。家まで手放したが借金はなくならない。

父は失業後ほとんど働かなくなった。代わりに母が、朝、昼、晩と三つもの仕事をかけもちして、五十五歳から外で働き始めた。自分も短大を卒業してからずっと働いて貯めていたお金五百万円を父に貸したが、返済はない。

もともと父は、母方の実家に商売の資金を頼っていたが、援助を当たり前のように感じていたようだ。

自分にとっては祖母にあたる父の母親も、ずっと同居していたのに、その援助には知らぬ顔。祖母は賭け事が大好きで、二年前に脳梗塞で亡くなるまで、毎日パチンコ店に通っていた。

今、自分は独身で、両親と三人暮らし。でも父とは顔を合わせるのもいやで、避けている。母の苦労は放っておけず、最近は母にも金銭的援助をしている。妹、弟はそれぞれ結婚し、実家の問題にあまり関心を持ってくれない。

このごろ思う。こうなってしまったのは、そもそも、自分が「いい子」であり続けようと努力をして育ってきたせいではないか——という内容でした。

私はいつものように、家族の歴史を霊視することから始めました。こういう問題は、今起きていることがらだけを見ていては解明できないからです。

まず、同居していたおばあさん。この世代には珍しい、非常にアバウトで破天荒な人です。愛情がなくはないのですが、現実主義、悪く言うと利己主義。なぜならこのおばあさん自身が、あまりあたたかい家族に恵まれずに育ったからです。若いころから「妻」や「母」になりきれなかった人のようです。

次に、その人に育てられたお父さん。おばあさんが右と言えば右、左と言えば左というように、なんとなく言いなりになって生きてきたような人です。働かない理由も、遊びほうけたいのではなく、自信がない、何をやっていいのかわからないというのが実情のようです。

そして、お母さん。人柄が良く、働き者の「肝っ玉かあさん」ですね。五十五歳から外で働き始めたとのことですが、本来、働くのが大好きな人です。だから今の状態にも充足感を覚えているはずです。苦労は確かに多そうですが、今とてもお母さんらしい生き方をしています。

今の夫婦のありようは、どうやらお母さんが作ってしまった部分もありそうですね。このご両親の関係は、お母さんのほうが「夫」役のようですから。夫婦とはまさに「割れ鍋に綴《と》じ蓋《ぶた》」で、あなたのご両親も夫婦間で補い合って完結しているのです。その意味であなたは、要らぬ心配をしているようですよ。

では本題のお金についてですが、そもそも、あなたのように、返ってこないことを半ば承知でお金を貸してしまう人がいるのはなぜでしょう。

実は、「愛の電池」の足りない人、寂しい人が、よくお金を貸すのです。「ありがとう」、「助かったわ」と感謝される、いっときの快楽のために。

「類は友を呼ぶ」と言うように、すぐに情にほだされてしまう甘い人間は、甘い人間に頼られます。「いいことをした」という自己満足に浸《ひた》りたい人も、たやすく頼られるでしょう。

逆に、厳しい人のもとに、甘い人は寄ってはきません。甘さが見抜かれると思って敬遠するからです。

あなたにも、どこかに「頼りにされたい」という気持ちはありませんか。自分でもわかっているように、あなたは「いい子であり続けよう症候群」。長女なので、きっと「お姉ちゃんなんだから」と言われて育ったのでしょう。親の愛を自分に向けるには、いつもいい子、しっかりした子でいなければならなかった。

お父さんに五百万円の援助をしたときだって、自分はこれだけのことを父にしてあげた、犠牲を払ったという、一種の満足感があったはずです。

妹や弟みたいに結婚して家を出る自由もあるのに、「家の事情でだめなの」を理由に、ひたすら忍耐。そのことで自分の価値を高めようとしていませんか。それはあなたにとって、ほんとうに自分を愛することになりません。結婚して家を出た妹たちのほうが賢明ともいえます。

お金の問題は、その場しのぎで助けても、どうせいつか力尽きます。家族の問題はつい感情で見がちですが、ほんとうに困ったときは感情に溺れてばかりもいられません。実務に徹するしかないのです。たとえばですが、あなたが他家に嫁いで実家を出て、そこからご両親を経済的に助けるという方法も考えられます。

崖から落ちかけている人を助けるには、自分も危ないところにいてはいけません。まず自分が脱出して安全な足場を確保してから、ロープか何かを探し、そこから引っぱり上げるなりしないと、救出は無理です。

それと同じで、今のあなたのがんばりにも限界があります。ご両親と共倒れになってはどうにもなりません。

あなた自身の生き方にも切り替えが必要です。まず、根底にあるあなたの寂しさに気づくこと。人をほんとうに助けられるのは、そのあとなのです。

美しければ幸せになれますか？

「自分の容姿は、生まれる前に自分で決めてきています」と言われたら、あなたはどう思いますか。「だったらもっと美人でスタイル抜群に生まれたはずだから、そんな話は信じられない」と思うかもしれませんね。

でもこれはスピリチュアルな真実です。あなたの顔かたちや身体の特徴――たとえば背が高い、目が大きい、ほくろがあるなど――は、細部にいたるまで自分で選んできています。その容姿で生きていくことが、あなたの学びのカリキュラムなのです。

スピリチュアルな視点で見ると、肉体は「たましいの乗り物」であり、外見は「たましいの映し出し」です。容姿、肉体的特徴はみな、その人のたましいの特徴や課題を表しています。別の言い方をすれば、私たちのたましいというものは、肉体をとおしてみずからを「表現」しているのです。

ですから、自分の身体上の個性を受け容れるのは、とても大切なことです。あなたがふだんメイクをするとき、自分がもっとも魅力的に見えるよう工夫しようと思ったら、まず自分の顔のつくりや肌の特徴を把握する必要がありますね。これと同じで、自分自身の容姿や身体の特徴をすべて受け容れてこそ、魅力的な人間になることができ、充実した毎日が送れるのです。

たとえ気に入らないところがあったとしても、いたずらに不満を抱くのではなく、なぜ自分はその容姿を選んで生まれてきたのか、その意味を知るように努めましょう。

では、容姿に悩みの少なそうな、いわゆる「美人」には、スピリチュアルな学びのテーマがないのでしょうか。

決してそんなことはありません。彼女たちは「美人」という経験を教材に学んでいるのです。

多くの場合、美しい容姿に生まれた人のスピリチュアルなテーマは、「美人が果たして幸せなのかどうか」です。実は前世で不美人だったたましいが、今度はかなりの美人に生まれてくることがよくあるのです。「私が不幸なのは容姿のせい。美人に生まれれば幸せなのに」という、前世で抱いていた強い思いが、果たして真実かを見極める。それが、今回の人生のテーマなのです。

美人は人生の中で、美人ならではの経験をいっぱいするでしょう。それは、他人に見える「幸せ」な部分ばかりではないはずです。

ちやほやされて、トクをすることもあるでしょう。美を武器にして人を思いのままに動かすこともできるでしょう。でも、それがたましいの充実につながるかどうかは、経験してみないとわかりません。また一方で、同性からの嫉妬に悩まされる、言い寄ってくる男性は自分の表面しか見ていないなど、美人にしかわからない悩みも多く、それはそれで深刻に違いありません。

こうして、容姿と「ほんとうの幸せ」の関係を、身をもって学んでいるのが美人の人生といえます。

逆に、そんなに美人でなくても、性格がよくて愛敬のある女性もたくさんいます。そういう人は、これまでの過去世で美人だった経験を十分にしてきたので、もう、容姿に関してあまりこだわりを持っていないのです。

今回のお手紙は、背中から首にかけての大きなあざで悩んでいるという、茨城の二十代の女性からです。

結婚前ということもあって、それが深刻なコンプレックスになっている。好きになってくれる男性はいるが、背中のあざを見せたらどう思うだろうと考えると、友だち以上の関係にはなかなか踏み切れない。まわりがどんどん結婚していく中で、自分には彼氏もいない。

手術で消してもらう方法もあるけれど、もし失敗したらと思うと、大きいあざだけに怖くてできない。どうしたらいいですか——という相談でした。

簡潔なお手紙でしたが、顔写真が同封されていました。なかなか感じのいい美人という印象です。

職業は小学校の先生。霊視をすると、心もとても優しく、子どもたちから好かれているようです。

自信を持って、恋愛でも何でも楽しめばいいのに、あなたにしてみれば、あざの悩みはよほど大きいのでしょう。

実はこのあざには、あなたのある前世が関係しています。それは今と同じく日本の女性だった前世で、やはり大変な美人でした。美人の前世は不美人ということが多い中で、あなたは再度、美人の人生に挑んできています。

その前世では、貧しい家に生まれました。だから、昔よくあったように、身売りされて花魁《おいらん》になり、数奇な運命をたどったようです。

花魁になってからは、美人であっただけに、地位、名誉のある男性に侍《はべ》るなど、終生いい暮らしはできたようです。けれども心は寂しいままでした。ほんとうの幸せ、心の幸せを得られなかったのです。

あなたの守護霊は今、こう教えてくれています。あなたのあざは、「まことの相手を選ぶための印」であると。

美人で性格もよければ、多くの男性が寄ってくるでしょう。でも、そのあざを見て去っていく相手なんかとは結婚してはいけないよ、と言うのです。

今度こそ誤った相手を選ばず、ほんとうの女性としての幸せを得ようと思って生まれてきたんだよ。だからそのあざを消そうと思わず、堂々と見せて生きていきなさい。それで離れていく人がいたら、その人はあなたの相手じゃないということなんだよ

——これが、守護霊のメッセージでした。

「前世の因果」というと、何か恐ろしいことのように聞こえがちですが、あなたの場

合のように前世で得られなかった「ほんとうの幸せ」を味わいなさいという因果もあるのです。数年後にはあなたが結婚する様子も見えます。楽しみにしていてください。

人間というものは、どうしても他人のうわべだけを見て羨《うらや》んだり、妬《ねた》んだりしがちです。他人を見る目が嫉妬で曇ってしまうと、その人の陰にある苦労や孤独など見えなくなってしまいます。

けれども、このお手紙の女性のように、いくら美人で、性格もよく、みんなに慕われ、何もかもが輝いているように見える人でも、陰に人知れぬ苦労を背負っていることもあるのです。悩みがなさそうに見える人が、見かけどおり幸せな人だと簡単に言い切ることはできません。

誰しも何らかの苦しみを持っている。それが現世というものならば、幸せになれるか否かの分かれ目は、悩みや苦しみという経験を、自分の成長の糧とできるかどうかにかかっているといえるでしょう。このことは、すべてのことにスピリチュアルな意味があると受けとめることのできる謙虚さと、そのスピリチュアルなメッセージを読み解く「感性」があれば、必ずできることです。

身体に関する何らかのコンプレックスに悩むという経験も、真の幸せを考えるチャンスであり、誰に対しても優しい自分になれるチャンスです。

ところがそこで卑屈になって、自分を恨み、他人を憎むだけだとしたらどうでしょう。残念ながらその人は、せっかくのチャンスを無駄にしてしまったことになります。

みなさんにも人と違う、コンプレックスになるような「個性」があったら、いたずらに嫌うのではなく、ありのままを受け容れて、「このことは、いったい自分に何を教えてくれているのだろう」と考えてみてください。そこには必ずあなた自身のたましいの課題があります。

またそれは、「あなたの幸せへの道は、ここを乗り越えた先から開けていきますよ」と示してくれている、道しるべでもあるのです。

すべての不倫が〝悪〟なのですか？

不倫をしていることで悩み、相談に来る女性はたくさんいます。悩んでいる人たちには、「不倫はいけないこと」という意識があるのでしょう。

けれども、すべての不倫がいけないわけではありません。真剣に好きになった相手がたまたま既婚者だったということは、いくらでもありえます。

不倫には二種類あるのです。

一つは、どちらか一人、あるいは両方が結婚していても、純粋に愛し合っていて、いつかは結婚したいという前向きな目的意識がある場合。この場合は「不倫」というより「軌道修正中の恋愛」といえます。

この世には、結婚後に知り合った相手のほうが実はほんものだったということなど、ごまんとあります。男性も女性も最初の結婚相手と添い遂げなければならないという法は、少なくともたましいの世界にはありません。

もう一つは、遊びの恋。これは言葉どおりの「不倫」です。お互いにただ寂しさを慰め合うだけの刹那《せつな》的な関係。将来を真面目に考えることもないまま、惰性《だせい》でだらだらと続けてしまう。こうした関係からは何も生まれないばかりか、妻や夫や子どもたち、そして当事者である二人をも、ネガティブなエネルギーで傷つけてしまいます。やめるにこしたことはないのです。

未来のある恋なのか、ただの不倫なのか。この二つには大きな違いがあるということを、まず知ってください。

それから、最近とても多いのは、いつも不倫ばかりくり返しているという独身女性です。どういう女性がそうなりやすいかといえば、一番多いのが、「実は結婚する気がない人」です。これは親離れしていない人にも多いようです。

本人の意識では、年齢や世間体も気になっているようで、「私はすごく結婚したいのに、なぜこうなってしまうのでしょうか？」と訴えてきます。でも心の深層では、結婚する事態になることを恐れているのです。

お手紙をくださった方は、どうもこれにあてはまりそうです。東京に住む三十代の女性です。

二十代半ばころから、恋愛相手は決まって既婚者だった。独身の男性とも何回かつき合ったが、長続きしなかった。三十を超えるころから、青森の両親が、早くこっちに帰ってきて見合いしろとうるさい。いくら一人娘でも、その過干渉ぶりにはうんざりする——。

相談内容はこのように、いわば「よくある話」でした。読者の中にも、似た状況にある人は、少なくないことと思います。もちろんそのスピリチュアルな背景といったものを見ていくと、これがまた千差万別なのですが。

あなたの場合、霊視をすると「両親に対する気兼ね」のようなものが見えます。それがたまたま不倫という「誤作動」として表れてしまっているようです。

お手紙にあるように、ご両親が帰ってこいと言うのをうるさく感じているのも事実。高校卒業以来ずっと東京で生きてきたわけですから、帰りたくない気持ちも当然あるでしょう。「帰ったら最後。過干渉な両親の意図どおりに染められる」といった恐れもあるのでしょうね。

けれどあなたの中では、「かといって親は捨てられない」という気持ちもかなり強いようですよ。

ほんとうは結婚したいのに、こっちで結婚してしまったら親がかわいそう。私は大変な親不孝者になってしまう。かといって結婚したい相手に、一緒に青森に来てとも言いづらい。そんな気持ちの中で揺れ動いているのです。

それで結局、ずるずると不倫をくり返しているわけです。不倫相手なら本気で惚れてしまっても、「しょせん不倫だからあきらめなくちゃ」と自分をごまかすことができますから。

これがもし独身の相手だったら、「結婚してくれ」と言われてしまうかもしれません。言われるだけならまだいい。自分がその人に対して本気になってしまったらどうしよう――。独身男性との恋愛がいつも続かないのは、こんな恐れがあるからです。

でもあなたは今、この中途半端な状態にあきあきし始めていますね。そろそろ不倫をくり返してしまうほんとうの動機を自覚して、実家に帰る気があるのかないのかを見定める時期なのです。

いっそ親離れをして、帰らないなら帰らない。やっぱり両親の今後が心配なら、ふんぎりをつけて帰る。

それを今、決めるべき時期にいるということです。これ以上もう同じことをくり返すのはやめましょう。

不倫をくり返すという相談でほかによくあるパターンは、「ファザコン系」と「コンプレックス系」です。

「ファザコン系」は、要するに「頼れる人でなきゃいや」という女性。父親ほどの年齢の男性とばかりつき合い、もはや若い男性とはつき合えなくなってしまっている人もいます。

でも、考えてみてください。どんな男性だって、独身のうちよりも結婚後のほうが、断然しっかりして見えるもの。包み込むような優しさがあるのも、気持ちに余裕があるのも、当然すぎるほど当然です。奥さんや家庭という安定したバックグラウンドがあるのですから。

独身男性を頼りないと思うのは、人間の見方があまりにも浅いのです。前にも一度書きましたね。独身男性は「苗木」として見なければいけません、と。今ではなく将来、どんなにすばらしい大木になりそうかまで見通してあげないと、若い男性がかわいそうです。

うんと年上の、社会的にも経済的にもハイレベルの男性でないとつき合えない女性は、気の毒ともいえます。「私は料亭じゃないと食事しないわ」と言える自分をかっこいいと勘違いしている人さえいますが、そうして贅沢《ぜいたく》に慣れていくうちに、自分まで若さを失いますから要注意。三十代になっても、二人で行けばマクドナルドでも十分幸せ！　というカップルのほうが、ずっと幸せだと私は思うのですが。

このファザコン系の別バージョンで、「全許容になってしまうタイプ」というのがあります。ひどく厳しい父親のもとでビクビクしながら育った女性に多くいます。力ずくの関係に弱いため、会社の上司に半ば強引に誘われたときに「いや」と逆らえず、好きでもないのに不倫の関係に引き込まれてしまうのです。

「コンプレックス系」のほうは、自分の外見などに何らかのコンプレックスがあり、自分自身を受け容れられずにいる女性に多いようです。

そういう人が不倫に走るのは、人のものを取ることで優越感に浸れるからです。既婚男性を自分に惚れさせ、性的な交渉を持ったら気が済んで、あっけなく冷めてしまうのも特徴です。

そんなことを続けていても不幸なだけです。いいかげん自分を受け容れて、ほんとうに心から人を愛することを考え始めたらどうかと思います。ありのままの自分を認められないかぎり、たとえ何十回不倫をくり返したとしても、心は満たされないでしょう。

以上、不倫ばかりする理由の主な三パターンを見てきました。不倫ぐせのある人は、どのパターンなのかを自己分析してみてください。「いけないことをしている」という半端な罪悪感をただ抱いているだけでは何も変わりません。

多くの相談者を見てきて思うのは、恋愛には、子どものころの親子関係が影響しやすいということです。

不倫に走りやすいという悩みにも、両親、特に父親との関係が大きくかかわっています。

ですから、父親と自分との関係をふり返ることも、不倫ぐせから抜け出すための早道になるかもしれません。自覚が早いほど軌道修正もきき、ほんとうの出会いが早くやって来るでしょう。

浮気した夫とやり直せますか?

夫の浮気についての相談を数多く受けていると、その原因が真っ二つに分かれることがわかります。この二つの違いは、いわば真性と仮性の違いであり、決して一緒くたにはできません。

真性のほうは、とにかく女性が大好きという、根っからの浮気性です。彼らにとっては、女性といえば性の対象で、浮気も甲斐性《かいしょう》だと信じて疑っていません。家族を苦しめている自覚も少ないものです。残念ながらこれは、なかなか治りにくいようです。

度を超すと、色情霊の憑依を受けてしまうこともあります。そうなると、頭の中はただただ悦楽、快楽だけという状態にもなりかねません。

こう書くと、憑依した色情霊を恐ろしく思うかもしれませんが、「波長の法則」によって霊を引き寄せたのは本人です。本人が心のあり方を変えないかぎり、霊能者が除霊したところで、憑依をまたくり返すことになるでしょう。

もちろん根っからの浮気性の男性でも、結婚したり、子どもが生まれたり、妻の大切さを痛感させるような事件があったときに、ぴたりと治まる人もいます。

さて、もう一つの仮性の浮気のほうは、夫の「心の闇」が起こすものです。寂しさ、つらさ、不安、自信のなさ、安らぎほしさが、男性を浮気という「癒し」に向かわせるのです。

女性と同じで男性も、寂しかったり、不安になったりするものです。しかし一家の主ともなれば、それを吐露する場がありません。外で着ている鎧を、家の中でさえなかなか脱げないものなのです。

最近、サラリーマン男性の引きこもりや帰宅拒否、失踪が多いのも、世の男性が一人の人間として安らげる場所が、現代社会にはあまりにもないのが原因ではないかと思います。

もちろん、そういう夫の弱さをあたたかく包み込める奥さんが世の大半でしょう。

けれども、夫を「夫」という一つの確立された人格だと思い込みすぎている奥さんもまた、多すぎる気がします。

夫だって一人の人間。どんな親も最初から「親」ではなかったように、夫もはじめから「夫」ではありません。

強くて頼りがいのある完璧な「夫」であることを当たり前のように求め、夫の寂しさ、不安といった心の闇に気づいてあげられなかった妻。そんな自分を省みることもなく、「浮気」という結果だけに目くじらを立て、夫の心をさらに追いつめるのは、厳しすぎはしないでしょうか。

男はそもそも単細胞な生き物。でも、女性もときどき単細胞になってしまいます。ことに夫の女性関係となると、女性はともすると嫉妬の目だけですべてを見るようになってしまって、何もわからなくなりがち。その苦しさで、自分自身をも必要以上に傷つけてしまいます。

今回のお手紙の主もひょっとするとその一人かもしれません。静岡の四十代の女性からです。

五年前から夫の両親と暮らし始めた。それまで夫婦仲は良かったが、同居を始めた約一年後から、夫の様子がどうもおかしくなった。調べたら、社内で浮気していることがわかった。

以来もう、夫がけがらわしくて、近くに寄られるのもいや、という状態。

時期的に考えて、夫の浮気の原因は、両親と暮らし始めたことだと思う。前のように核家族での暮らしに戻ったほうがいいのかもしれないが、新築した住宅のことや、子どもへの影響を考えると、それも難しい――という内容でした。

文面にはありませんでしたが、私にはどうも、ご主人のご両親、つまりあなたにとっては舅《しゅうと》、姑《しゅうとめ》にあたる人たちと、あなたの関係がうまくいっていない様子が霊視されるのです。しょっちゅういがみ合っては、その愚痴を子どもやご主人にこぼしていませんか。

ご主人はこのところ、ずっと仕事のことで悩んでいるようですよ。社内での派閥抗争、業績不振。それは確かに、時期的には同居を始めたころからのようです。でもそれはたまたまの一致で、同居とは関係ありません。

あなたはご主人と顔を合わせるたびに愚痴や不満をぶつけているようですが、ご主人の愚痴は聞いてあげていますか。霊視で私に視《み》えるのは、あなたがアイロンがけをしている横で、ご主人が何か言いたげに座っているシーンです。

ほんとうは何か、あなたに相談したかったのだと思います。会社の愚痴を聞いてもらい、慰めてほしかった。ご主人はもともと繊細なタイプだと思います。でもあなたは自分のことで精一杯で、ご主人の苦しみに気づけませんでした。

そんな時期に、部下の女性とのつき合いが始まったようです。おそらく彼女の悩みを聞いてあげたのがきっかけでしょう。年下の女性に悩みを持ちかけられると、男性は男冥利に尽きて、自信と安らぎを感じるものです。結果として浮気に至ってしまいましたが、ご主人には心の癒しが第一で、「性」は二の次でした。

あなたは浮気を、裏切りとか、けがらわしいものとしか思っていませんが、男性にはそんな浮気が意外に多いのです。心優しいご主人のためにも、もっと大きな気持ちで夫婦の関係を見つめ直してみませんか。あなたに悩む心があるうちは、まだまだやり直せるのですよ。

相談者の中には、夫が風俗店へ行ったのを許せずにいる人もよくいます。

風俗店に行く夫の心理も、今の話とほぼ同じです。寂しくて、どこにも安らぎがなくて、いっときでも癒しがほしいとき、男性は「よしよし」と慰めてくれたり、話を聞いてくれる女性のところへ行ってしまうのです。世の男性に心の寂しさがなければ、そして、風俗に癒しという要素がなければ、風俗店はこんなに流行らないのではないでしょうか。

ですから私は、いつもそんな奥さんに「風俗へ行くのは浮気ではないよ」と答えています。結果としての行動にばかり目を向けず、根っこにある夫の弱さ、寂しさに気づいてほしいと願いながら。

女性はよく男女不平等を訴えますが、それを言うなら、「男の弱さも認めなさい」と私は言いたい。どうして男はいつも強くて頼られる存在でないといけないのでしょう。男なら、つらくて大変なのは当たり前なのでしょうか。

最近は男性が「女性は女性らしく」と言えばセクハラとされるのに、女性は「男らしくない！」、「男は凛《りん》としてなきゃだめ」と平気で言います。でも、それも一種の性差別ではないでしょうか。

それでも外で働いている女性には、男性の仕事のつらさ、大変さが理解できるようです。でも、社会での経験が少ないまま家庭に入った女性には、世の中の矛盾の中で生きなければならない男性の虚しさ、哀しさがなかなかわかりにくいようなので、とても残念です。

私が男性だから男性をかばうわけではありません。浮気や風俗も決して肯定していません。ただ、男と女、夫と妻という観念を一度外して、素の人間同士としてお互いを思いやってほしいと思うだけです。ましてや結婚までした二人。難しいことではないはずです。

心の闇からくる仮性の浮気は、夫婦でよく話し合えばやり直せます。相談者にも、とことん話し合うことで持ち直した夫婦はたくさんいます。

なぜなら、心の通い合わない家庭での寂しさが浮気の要因だったからです。二人の心が冷め切っていないかぎり、夫は寂しさが癒され次第、戻ってくるものです。持ち直してから、新婚当時以上に仲良くなる夫婦も珍しくありません。

前回は女性の不倫ぐせの代表的な三パターン、今回は男性の浮気ぐせの二パターンを書きましたが、それぞれに男女逆のパターンもあります。

不倫だ浮気だと騒ぐより、ほんとうの原因を冷静に見極め、とるべき行動を考えていきましょう。

引きこもるわが子を救えますか？

子どもの引きこもりで、今多くの親が悩んでいます。わが子がその状態に至ったきっかけや期間は実にさまざまのようですが、スピリチュアルな視点で見れば、引きこもりの多くは本人の「たましいの萎縮《いしゅく》」に起因しています。たましいが生きる希望や喜びを失い、ふさぎこんでしまっているのです。

そうした子どもたちの根本にあるのは、自分などどうせ理解してもらえないという思いです。長い期間、自分らしく行動したり、自分の言葉で語ることができないでいると、その閉塞《へいそく》感の中で、まずたましいが内にこもっていきます。そしてそれが進むと、実際の行動のうえでも引きこもっていくのです。

もちろん本人にも甘えや弱さはあるでしょう。しかし本人だけに問題があるわけではありません。やはり多いのが家族の問題。中でも親、特に母親が子どもをわかっていないためということがよくあるのです。本来ならば母親のほうが変わってもらいたいと思って、子どもはたましいを萎縮させてしまっているのです。

たましいの萎縮がひどくなると、人は霊に憑依されやすくなります。霊は自分と似た波長の人に引き寄せられるので、人生を儚《はかな》む無気力な心でいれば、似たような、浮かばれずにさまよっている霊を引き寄せてしまうのです。それでますます無気力になってしまいます。

解決への道はただ、たましいの輝きを取り戻すことです。とはいえ、家庭が原因で失われたたましいの輝きは、本人の「気の持ちよう」だけで取り戻せるものではありません。両親の生き方や家の経済状態があまりにひどく、たましいが輝く生活など望むべくもない深刻なケースも現実には少なくないのです。

多くの例を見てきて思うのですが、引きこもりの解決には、スピリチュアルな視点が大事なのはもちろんですが、福祉関係の態勢もより充実してほしいということです。私は原因を霊視し、助言と励ましを与えるところまではできますが、本人が普通の生活ができるまでの具体的支援まではとても手がまわりません。

私のようなスピリチュアル・カウンセラー、心理の専門家、福祉関係者などが連携して、心のケアから生活の改善、保護まで面倒をみていける体制をつくることが、今まさに急務だと思います。

今述べた引きこもりのほかに、ときどき見られるもう一つのパターンがあります。具体例を見てみましょう。東京に住む五十代の女性からのお手紙です。

娘が八歳のときに離婚。以来、一人で娘を育ててきた。娘は都立高校を卒業し、国立大学に入学。女手一つの子育ても一段落かと安心した矢先、娘が引きこもりになってしまった。

一年生の二学期からまったく大学に通っていない。食事とトイレ以外は自室にこもったまま——というご相談でした。

親として、さぞ切ないことでしょう。でも霊視すると、母親であるあなたにも問題はあるようです。離婚して申し訳ないという気持ちが負い目になっていて、これまでずっと、娘さんのわがままをすべて聞き入れて甘やかしてきませんでしたか。

スピリチュアルな視点で見れば、子どもが親を選んで生まれてくるのですから、たとえ離婚しようが、母親は堂々としていればいいのです。

それよりも、娘さんが出しているSOSに気づいていただきたいのです。引きこもりは身体の病気と同様、たましいが出しているSOSのシグナルです。それが何を意味しているのかを本人が自覚し、まわりも理解することが、問題解決への大切な一歩となるのです。

このままあなたが腫《は》れ物にさわるような態度で接していたら、娘さんのSOSはますます内にこもっていくばかり。「ほんとうは何をしたいの?」、「一人で何に苦しんでいるの?」と、様子を見ながら聞き出してあげてください。ただし、あまり性急にならないよう注意が必要です。厳しく問いつめれば、ただでさえ萎縮したたましいが、ますます萎縮してしまうこともありますから。

実はあなたの娘さんが、先に書いた引きこもりの二つめのパターンです。これは「目覚めの引きこもり」と私が呼ぶ、喜ばしき、ありがたき引きこもりです。私がいつも言う「たましいの年齢」が高い人、つまりたましいが成熟した人の思春期や成人期によく見られます。

なぜありがたいかというと、その人のたましいがまさに目覚めようとしているところだからです。

身も蓋もない言い方かもしれませんが、世の中というところは、何も考えていない、能天気で鈍感な人のほうが、のうのうと楽しく生きていけるのです。ものごとに敏感な人ほど、何かにつけて深く哲学的に思い悩んでしまう。そんな繊細なたましいを持った人が人生のちょっとした壁にぶつかると、人生の意味を見失ったり、社会の矛盾にやりきれなくなったりして、どこまでも無気力になってしまうのです。

たとえば、あなたの娘さんのように、必死な受験勉強の末に入った大学で、遊んでばかりの学生たちを見て、途端にやる気を失ってしまう大学生。

勤めている会社が社会のためによいことをしているとはとても思えないが、妻子を養うために辞めるわけにもいかないサラリーマン。

子どもが巣立った後、自分の人生は何だったんだろうと茫然とする主婦。

みんな、たましいがもがいているのです。たましいが「今の生き方ではいけない。自分なりの生き方はできないものか」と悶々としているのです。

まわりは心配でしょうけれど、大丈夫。ある程度の期間を置けば越えられます。しかも本人が自力で解決します。長くても三年あれば気持ちが切り替わり、新しい自分に生まれ変われるものです。

切り替えのカギとなるのは「人は人。自分は自分」という割り切りです。人と違っていようと、社会の枠組みから外れていようと、自分が納得できる人生ならば幸せなんだという、一種の明るい開き直りです。そこからその人のほんとうの人生が始まるのです。

世俗的な地位、名誉を求めて生きたい人は、そう生きればいい。そうでない自由な生き方をしたい人は、思いどおりに生きればいい。そして、そのどちらを選んでも、自分が選ばなかったほうの生き方に差別感を持ってはいけない。それさえ守ればいいのです。

人生はすべて「自己責任」です。だから人生はとても「自由」なのです。

私が尊敬する聖フランチェスコも、真理に目覚める直前は、たましいが苦しみもがいていました。彼はもともと、金持ちの家に生まれたエリートでした。ところが戦に出て人生観が揺らぎ、帰ってからしばらく内省の日々を送ったのです。その時期を抜けると、彼はいきなり人が変わったようになり、小鳥に説教などするようになりました。村人たちは「大富豪の息子がばかになった」とさんざん笑いました。親子の葛藤が生じ、家も捨てました。

聖フランチェスコという聖人は、こうして生まれたのです。

人は言葉に振り回されます。「引きこもり」という言葉も数年前には一般的でなかったのに、今では「うちの子も今話題の引きこもりかも……」など、みんなすぐに慌てがち。言葉にとらわれないでください。たましいは一人ひとり違います。

誰でも絶望感に浸ることはあります。私でもすべてを投げ出して遠くへ行きたいと思うこともあります。引きこもる人たちは、それを実行してしまうほど切羽詰まっていたということでしょう。

私など、引きこもれる人はある意味ですごく恵まれていると思います。三食つきでこもっていられるのですから実に贅沢。それが許される環境があるだけ幸せな人といえないでしょうか。

引きこもっている人の家族もそのくらい大らかに構え、本人に潜む前向きな力を信じてあげてください。周囲のそうしたあたたかい見守りも、やがて再び歩き始めるときの大きな力となるはずです。

吃音は身内の霊の障《さわ》りでしょうか？

静岡の三十代の主婦から、吃音で悩んでいるというお手紙をいただきました。

言葉を話し出した幼いころから吃音はあり、それを気にしてあがり症にもなってしまった。思春期あたりから自分が話しやすい言葉を選びながら話すようにしたため少し良くなったが、それでも学校や会社でたびたびいやな思いをしてきた。大人になって、ある霊能者の心霊相談を受けたら「既に亡くなっている身内の霊の障《さわ》りだ」と言われてショックを受けてしまった――という内容でした。

一般に、憑依によって身体に良くない影響が及ぶことは確かにあります。けれども結論から言って、あなたの場合は憑依ではありません。吃音は幼いころからだそうですが、憑依というものは小さい子どもにはあまりなく、自意識が芽生えてから起きることがほとんどなのです。

霊視をすると、あなたの吃音の要因は憑依というより、たましいが憶えている前世にあるようです。人に理解されずに悲しんだ経験や、人とのコミュニケーションで非常に苦しんだ経験をしてきているのです。そのため今生《こんじょう》は、自分は人に理解されないという意識を生まれつき持ってしまっています。だからいつも相手に自分をわかってもらおうと焦りすぎて、言葉がつかえてしまうのでしょう。

話しやすい言葉を選ぶことで少し改善されたそうですね。その前向きさをすばらしいと思いますが、そういう技術的な努力より、自分は愛される存在なんだ、受け容れてもらえるんだという安心感を持つことがあなたには大切です。

特別に気に入られようとしなくても大丈夫。自分なりの言葉で素直に本音を表現すれば、あなたは必ず受け容れられ、吃音も治っていくはずです。

ただし一つ注意点があります。あなたはけっこうマイペースな性格で、それゆえに人間関係につまずくことがあるようです。そのことまで吃音のせいにしてはいけません。もっと自分から人にとけ込んでいくこと。自分を受け容れてもらい、周囲と和していくことは、あなたのたましいが選んだ今生の課題なのですから。

最近こうしたお手紙のあまりの多さに驚いています。霊能者にこう言われた、占い師にああ言われた。読んでいると私が重ねてきた心霊研究の視点から見て、明らかな間違いが多々見られます。言われた方たちは非常に気に病んでいるのだから、実に困った状況です。そこで今回は、信じてはいけない間違いを列挙していくことにしましょう。

まず「あなたの家には悪い因縁がある」という言葉。因縁という言葉は世の霊能者たちの常套句《じょうとうく》ですが、基本的に気にしないでください。因縁のある家系というものは確かにありますが、スピリチュアルな視点で見ると、本人のたましいがその家を選んで生まれてきているのです。自分にとって学びになるからこその選択なのです。さらに、その因縁の影響を過剰に受けるとしたら、それは本人の低い波長のためだということも忘れないでください。高い波長を持ってさえいれば、どんなに悪い因縁の家に生まれても必要以上の影響は受けません。

「先祖の供養が足りない」と言われる人も多いようですが、だからといって霊能者に法外な料金を払い、供養を頼むのは間違いです。「家族はたましいの学校」と、前にも書きました。先祖はその学校を先に卒業していったＯＢ、ＯＧであるにすぎません。

彼らの励みは私たちが心をこめて「この世への未練を断ち切って早く浄化してくださいね」と応援することであり、お金をかけた形ばかりの供養には何の意味もないのです。

霊の言い分を何でも聞き入れる霊能者も間違い。「酒を供《そな》えてくれ」、「俺の家を壊さないでくれ」などと訴えてくる先祖霊も時にはいますが、すべて言われたとおりにしては、この世への未練を助長させ、かえって浄化を遅らせてしまいます。「そんなことではだめ。がんばって浄化してね」と霊を逆に説得するべきなのです。

一番いい供養とは、私たちが先祖に心配をかけない生き方をすることです。私たちがしっかりと自立して生きていれば、浄化できずにいる先祖のほうもその姿に励まされ、教えられて、自然に浄化していきます。「子は親の背を見て育つ」と言いますが、供養の極意はその逆で、「親は子の背を見て反省する」なのです。

「前世の因縁です」という言葉も気にしなくて結構です。前世など、どうだっていいのです。前世での仲が良かったらまた仲良くすればいい。悪かったら今度は仲良くすればいい。前世で良い仲だった人だけ大切にし、悪かった人は遠ざけ、縁のなかった人は粗末にするという発想自体おかしいのです。今生《こんじょう》で出会えた人との縁には、すべて意味があるのですから。

「あなたには守護霊がいない」と言う霊能者も多いようですね。でも守護霊のいない人など絶対にいません。親から生まれない人は誰もいないように、守護霊は一人ひとりに必ずいて、生まれる前から死後まで離れることはないのです。「もっと強い守護霊をつけてあげましょう」などと言うのは大間違い。そんな傲慢な霊能者がまともに霊的真理を理解しているか否かは、常識的に判断してください。

「何々を信仰すれば幸せになれます」という言葉にも疑いを持つこと。もしそれがほんとうなら、ひどく人格の低い人でもそれを信じただけで幸せになれることになります。信じた者勝ちの信仰なんて不平等ではないでしょうか。スピリチュアルな視点で見ればそれはありえず、自分たちだけ幸せになろうとする思い自体が負のカルマになりかねません。

次に「方位、方角を選びなさい」。方位には確かにある種のエネルギーがあります。しかしそれにこだわりすぎては心も行動も不自由になり、それがストレスになれば波長も下がってしまいます。そうなるくらいなら、こう考えてはいかがでしょう。自分が前向きな高い波長を持ってさえいれば、守護霊の強い導きを受けられ、「いい方向」

のほうから自分を呼び寄せてくれるはずだ、と。

占い師にひどいことを言われる人も多いようです。「この字画では幸せになれない」、「この誕生日の人は一生報われない」、「一緒にいると不幸になる相性。今すぐ別れなさい」。よくもまあと思うような言葉が数々のお手紙に並んでいます。これでは言われただけで波長が下がってしまうでしょうね。

名前や誕生日より大事なのは日々の生き方、たましいのあり方です。波長を高く保ち、いいカルマを積んでいれば、占いでどんなに悪いとされる名前や誕生日の人でも、絶対に幸せになれます。私の知人にも、最悪な字画とされていても幸せだという人や、最悪な相性とされていても非常に仲のいい夫婦がいます。

それでも気になるなら名前を変えればいい。今の恋人と別れて、占いでぴったりとされる恋人を見つければいい。しかしその後、努力もしないで幸せになれるかどうかは別問題です。

とかく相性にこだわる人は多いようですが、もしもこの世のすべての人が人格者なら世界は平和になり、相性なんて考える必要もなくなると思いませんか。恋人同士も、二人とも人格者なら必ずうまくやっていけるはずです。相性が最悪と言われたからといって、愛し合っているのに別れる必要などありません。

人間はうまくいかないことがあると、自分を反省せずに「何か」のせいにするのが大好きです。一部の霊能者や占い師は、その「何か」をもっぱら因縁や字画であるとし、「私にはそこを変えてあなたを幸せにしてあげることができます」と断言します。しかし本人が何一つ変わらずして、人頼みで幸せになることなどありえるでしょうか。

霊能者や占い師の言葉で、このように理論的に考えておかしいことは絶対に信じてはいけません。スピリチュアルな真理というものは、非常に現実的かつ常識的なものです。目にこそ見えませんが、決して常識から遊離した、筋の通らないあやふやなものではないのです。

彼らの言葉が正しいのかどうか。聞き入れるべきなのかどうか。あなたのたましいの中のもっとも冷静で賢《かしこ》い部分に聞けば、それはよくわかるはずです。

「第一部」及び「第二部」は書き下ろし。

「スピリチュアル人生相談室」は『婦人公論』二〇〇二年七月二十二日号から〇三年八月七日号に「江原啓之のスピリチュアル講座」として連載されたものです。

江原《えはら》啓之《ひろゆき》のスピリチュアル人生相談室《じんせいそうだんしつ》

二〇〇三年一〇月 七 日　初版発行
二〇〇六年 三 月一五日　六版発行

著　者　江原《えはら》 啓之《ひろゆき》
発行者　早川 準一
発行所　中央公論新社
〒一〇四－八三二〇
東京都中央区京橋二－八－七
電話　販売部　〇三（三五六三）一四三一
　　　編集部　〇三（三五六三）三六九二
振替　〇〇一二〇－五－一〇四五〇八

印刷・製本　大日本印刷
Printed in Japan CHUOKORON-SHINSHA, INC.

ISBN4-12-003449-6 C0095

定価はカバーに表示してあります。
落丁本・乱丁本はお手数ですが小社販売部宛お送り下さい。
送料小社負担にてお取り替えいたします。